Unterrichtsvorschläge
und Kopiervorlagen

Frank Wedekind
Frühlings Erwachen

Theo Herold

Cornelsen

Inhalt

Konzeption und Aufbau

„Ein Theaterstück muss gesehen, nicht gelesen werden!"
Johann Gottfried Herder *Briefe zur Beförderung der Humanität,* 1794

Der Gedanke Herders ist, so zugespitzt, für den Dramenunterricht sicher nur bedingt richtig. Selbst wenn es möglich sein sollte, die Behandlung von *Frühlings Erwachen* mit dem Besuch einer Theateraufführung zu eröffnen, bliebe immer noch zu fragen, ob eine vorbereitende Lektüre des Stückes nicht vorzuziehen sei, zumal dann, wenn die Inszenierung die Schülerinnen und Schüler mit einer recht freien Bearbeitung der Vorlage konfrontiert und das Original in dem Regiekonzept erst wieder rekonstruiert werden muss.
Dennoch verdient Herders Forderung auch bei der Dramenlektüre Beachtung. Der Dramentext, den die Schülerinnen und Schüler in den Händen halten, ist eine Partitur. Was sie lesen, wird erst dann verständlich, wenn sie das Gelesene in Bilder umsetzen. Die „Inszenierung im Kopf", die auf diese Weise entsteht, ist also auf Lesen und Sehen zugleich angewiesen. Das Gelesene muss gesehen, imaginiert werden und das so Vorgestellte muss wiederum am Text lesend überprüft werden. Diesem Grundgedanken ist das vorliegende Heft mit seinen Vorschlägen und Vorlagen zur Behandlung von Wedekinds *Kindertragödie* verpflichtet.
Der Einstieg erfolgt über ausgewählte Inszenierungsfotos. Das ist natürlich nur Ersatz für die Fülle der Bilder einer real erlebten Aufführung, andererseits ermöglichen die Fotos ein genaueres Hinsehen und einen ersten Vergleich unterschiedlicher Regiekonzepte.
Die folgenden Kapitel orientieren sich einmal an einer chronologisch fortschreitenden Erarbeitung des Stückes, zum anderen an wichtigen Strukturelementen des Dramas wie auch an zentralen inhaltlich-thematischen Aspekten. Wichtige Szenen, wie z. B. die erste oder die letzte, werden in Einzelkapiteln oder, wie die Heubodenszene oder die Lehrerzimmerszene, in Teilkapiteln behandelt. Strukturelemente des Dramas werden im Zusammenhang mit der ersten Szene und ihrer expositorischen Funktion betrachtet oder mit der Frage nach den Personen und Handlungsträgern (Kapitel 3) oder nach Handlung und Handlungssträngen (in Kapitel 4) beleuchtet. Die folgenden zwei Kapitel rücken die beiden zentralen Themen Jugend und Sexualität bzw. Jugend und Schule in den Vordergrund. Vorschläge zu Projekten und Referaten wie auch zu Klausuren und Leistungskontrollen runden das Angebot ab.
Die Auseinandersetzung mit dem Dramentext wird vertieft durch die Fülle von Informationen, die der Suhrkamp-BasisBibliothek-Band (SBB) 21 zu *Frühlings Erwachen* bietet. Die von Hansgeorg Schmidt-Bergmann besorgte Textausgabe mit ihren zahlreichen Worterklärungen, einer Zeittafel zu Leben und Werk Wedekinds und einem ausführlichen Kommentar zum Stück liefert viele Verständnishilfen, sie begleitet die Unterrichtsarbeit kontinuierlich.

Bilder und Inszenierungen

Ein Dramentext ist eine Partitur. Schon die Leserinnen und Leser sind darauf angewiesen, das Gelesene in Bilder umzusetzen. Die „Inszenierung im Kopf", die auf diese Weise entsteht, hat den Vorzug der Offenheit. Es bedarf noch keiner Festlegung, auch Widersprüche können nebeneinander bestehen. Das ist naturgemäß in der Theateraufführung anders. Die Inszenierung folgt einer bestimmten Lesart des Stückes und diese wiederum schlägt sich nieder in der Rollenbesetzung, in der Gestaltung von Bühnenbild und Bühnenbau, in der Beleuchtung, in den Kostümen und anderem mehr.
Inszenierungsfotos können nur einen kleinen Einblick in die Reichweite solcher Entscheidungen vermitteln. Erfahrungsgemäß gilt der erste Blick der Rollenbesetzung. Die Schwierigkeiten, die sich in dieser Hinsicht einer Aufführung von Wedekinds *Kindertragödie* in den Weg stellen, sind bekannt. Entweder man besetzt die Rollen der vierzehnjährigen Jugendlichen mit Berufsschauspielerinnen und -schauspielern, dann können Spiel und das zu verkörpernde Entwicklungsalter leicht auseinander fallen, oder man lässt jugendliche Laien bzw. Schauspielschülerinnen und -schüler agieren, dann mit dem Risiko, dass diese dem Anspruch ihrer Rolle nicht immer gerecht werden. Auch der doppelte zeitliche Abstand, einmal zurück zum Jahr der Inszenierung, dann in die im Drama dargestellte Zeit, also das letzte Jahrzehnt des 19. Jahrhunderts, bleibt bei der Arbeit mit den Fotos zu beachten.
Neben Besonderheiten der Rollenbesetzung und Rollengestaltung verraten die Fotos auch einiges über Bühnenbau und Bühnenbild. Die Schülerinnen und Schüler gehen möglicherweise mit Erwartungen an eine möglichst „naturgetreue" Ausgestaltung der einzelnen Szenen an das Stück heran und werden überrascht sein über Lösungen, die solchen Erwartungen deutlich widersprechen. Wedekinds Stück zeichnet sich ja durch eine Vielzahl unterschiedlicher Räume (Innen- und Außenräume) aus, die in raschem Wechsel auf der Bühne sichtbar gemacht werden müssen. Die Drehbühne, die Max Reinhardt bei der Uraufführung des Stückes in Berlin 1906 schon zur Verfügung stand, kommt dieser Anforderung sehr entgegen.

▶ **1/2** Die Zuordnung der Fotos zu den entsprechenden Szenen wird zunächst wenig Mühe machen. Das wird erst dann schwieriger, wenn man den im Foto festgehaltenen Moment des szenischen Geschehens genauer bestimmen will:

Bremen 1965
Das Foto zeigt Vadim Glowna als Melchior und Judy Winter als Wendla in Peter Zadeks Bremer Inszenierung aus dem Jahr 1965. Es ist die Szene I,5, kurz bevor Melchior seinen Stock wegwirft und mit bloßen Händen auf Wendla einprügelt. Wendla genießt die Schläge, die ein merkwürdig verklemmt wirkender Melchior ihr verabreicht. Die kahle Bühne fällt auf, kein Versuch die Waldszenerie herzustellen. Dafür im Hintergrund – überlebensgroß – der Kopf einer jungen Frau, deren Blick melancholisch-nachdenklich über das Geschehen hinweggeht.

Stuttgart 1974
Das Foto zeigt Melchior und Wendla in der Stuttgarter Inszenierung aus dem Jahr 1974. *Sonniger Nachmittag. Melchior und Wendla begegnen einander im Wald*, so heißt es in der Regieanweisung zu I,5. Man sieht, wie die Inszenierung dieser Anweisung Folge zu leisten versucht, auch wenn der Wald durch Gebüsch ersetzt wurde. Die beiden jugendlich wirkenden Darsteller in charakteristischer Position zueinander gewandt: Wendla sitzt, ihren Korb umfasst sie mit den Armen, den Blick richtet sie bewundernd auf Melchior, dieser hockt im Abstand von etwa zwei Metern, der Blick geht nachdenklich über Wendla hinaus. Eine genauere Zuordnung zur Szene I,5 fällt schwer. Wedekinds Text lässt nur den Schluss zu, dass die beiden sich zunächst zufällig über den Weg laufen und dass sie sich dann *unter der Eiche* lagern (SBB, S. 28_{18}). Diese erstmalige körperliche Nähe zwischen den beiden, ein für den weiteren Szenenverlauf sicher wichtiges Element, ist noch nicht gegeben.

Hannover 1993/94
Das Foto zeigt Frau Bergmann im Gespräch mit ihrer Tochter in der Inszenierung von Jens Schmidl am Schauspielhaus Hannover 1993/94. Der Korb als wichtiges Requisit macht deutlich, dass es sich um die Szene II,2 handelt. Frau Bergmann, in einer Position „von oben herab" auf Wendla einredend, den Zeigefinger belehrend ausgestreckt – das Foto gibt offenbar einen Moment des Dialogs gegen Ende der Szene wieder, vielleicht den hilflos-komischen Versuch der Mutter die Tochter aufzuklären.

Bilder und Inszenierungen

Wer einen Dramentext inszeniert, muss sich entscheiden: Soll der Text „wortgetreu“ auf der Bühne umgesetzt werden oder darf die Regie Veränderungen vornehmen?
Wie soll die Darstellung wirken? Geht es um eine möglichst naturgetreue Abbildung des Geschehens („Illusionstheater“) oder soll der Spielcharakter des Theaters deutlicher betont werden („antiillusionistisches Theater“)?

Judy Winter als Wendla und Vadim Glowna als Melchior in der Inszenierung von Peter Zadek Theater der Freien Hansestadt Bremen 1965

© ullstein bild – Binder

Therese Affolter als Wendla und Gert Voss als Melchior in der Inszenierung Stuttgart 1974

Foto: Madeline Winkler-Betzendahl

Foto: J. Giesel

Frau Bergmann und Wendla Inszenierung von Jens Schmidl Schauspielhaus Hannover 1993/94

▶ **1** Ordnen Sie die Fotos den entsprechenden Szenen zu.
Wo gelingt Ihnen das leicht, wo haben Sie Schwierigkeiten?

▶**2** Vergleichen Sie die Fotos miteinander – im Blick auf Rollenbesetzung, Kostüme, Bühnenbau, Requisiten u. a.

Die erste Szene - eine Momentaufnahme

Mutter und Tochter

Das Stück mag aufgrund seiner Thematik für jugendliche Leserinnen und Leser auch heute noch interessant sein. Leicht ist die Lektüre aber sicherlich nicht. Die Szenenfolge wirkt eher wie ein Bilderbogen, der inhaltliche Zusammenhang erschließt sich nicht auf den ersten Blick. Fremd wirken auch viele Akteurinnen und Akteure. Nicht nur die Erwachsenen, auch die Jugendlichen (insbesondere die männlichen) sprechen oft eine fremde Sprache. Bevor die Schülerinnen und Schüler sich mit dem gesamten Text befassen, soll daher eine vorbereitende gemeinsame Lektüre der ersten Szene den Blick dafür öffnen, worauf es beim Lesen eines solchen Dramentextes ankommt.

▶ **1** Der erste Blick gilt den beiden Akteurinnen. Wendla wird durch die Mutter sowohl beschrieben als auch charakterisiert. In ihren Augen ist sie „ein ausgewachsenes Mädchen", also kein Kind mehr, sondern in ihrer körperlichen Entwicklung schon recht weit, weder „stakig" noch „plump", insgesamt also ein junges Mädchen, das mehr als der Mutter lieb ist auffällt. Wendla gibt sich im Gespräch mit der Mutter durchaus selbstbewusst und überlegen, geschickt argumentierend setzt sie ihren Wunsch, das alte Kleid weiter zu tragen, gegen die Bedenken der Mutter durch. Auffällig sind ihre Gedanken, dass sie einmal „nicht mehr sein" könne. Ist das ein Hang zur Schwermut, zu Sensibilität und fantastischen Vorstellungen (über Bußgewand und Elfenkönigin)? Oder ist das dramaturgisch vorrangig eine Vorausdeutung auf ihr späteres Schicksal? Wie auch immer: Die Beziehung, die sie zu ihrer Mutter hat, ist in ersten Ansätzen erkennbar: offen, vertrauensvoll, liebevoll. Die Beobachtungen aus dem Text können in die Tabelle übertragen werden.

▶ **2** Zur Charakterisierung der Mutter werden Vorgaben gemacht, die auf Widersprüche in der Figur aufmerksam machen: Streng, offen, vertrauensvoll, konsequent passen als charakterisierende Adjektive wohl nicht zu dieser Figur. Liebevoll, herzlich, auch zärtlich, dann aber wieder ängstlich und besorgt, letztlich aber unfähig den Hintergrund dieser Besorgnisse der Tochter mitteilen zu können – insofern bleibt dieses Bild insgesamt recht schillernd.

▶ **3** Dass die beiden Kleider hier als Requisiten bezeichnet werden, mag überraschend wirken. Normalerweise wird zwischen Requisit, also einem für eine Szene wichtigen Gegenstand, und Kostüm, also der Kleidung, die eine Figur trägt, unterschieden. Hier erscheint der Begriff Requisit jedoch angebracht, da die beiden Kleider für Wendla (und auch für ihre Mutter) eine Bedeutung haben, die über ihre Funktion als Bekleidungsstück weit hinausgeht. Wie das neue Kleid sich von dem alten genau unterscheidet, können die Theaterbesucherinnen und -besucher sehen, die Leserinnen und Leser können sich zunächst nur vage Vorstellungen darüber machen, was außer dem Unterschied in der Kürze bzw. Länge sonst noch alles eine Rolle spielen könnte (eng oder weit/die Farbe/der Schnitt). Die Szene lässt auch offen, ob Wendla zuvor das neue Kleid anprobiert hat und sich nun etwa im Spiegel betrachtet. Vielleicht hält sie es sich auch nur an. Wendla sieht in dem neuen Kleid ein „Bußgewand": Jetzt, wo sie den Status eines Kindes hinter sich lässt, drohen durch die erwachende Geschlechtlichkeit Schuld und Sünde.

Die erste Szene – eine Momentaufnahme

Mutter und Tochter

Die erste Szene eines Dramas – sie führt in ein Geschehen ein, sie stellt Akteure vor, sie weckt Erwartungen und sie wirft Fragen auf.

▶ **1** Wendla, gerade 14 Jahre alt geworden: Was erfährt man in dieser kurzen Szene über ihr Äußeres, ihren Charakter und ihre Beziehung zu ihrer Mutter? Tragen Sie entsprechende Angaben in die folgende Tabelle ein:

Wendlas körperliche Entwicklung	**Was erfährt man schon über Eigenschaften von ihr?**	**Was lässt sich über ihre Beziehung zur Mutter sagen?**

▶ **2** Welches Bild gewinnt man von Wendlas Mutter?
Welche der folgenden Adjektive sind in Ihren Augen treffend?

liebevoll	besorgt	herzlich	ängstlich	
streng	offen	zärtlich	vertrauensvoll	konsequent

▶ **3** Das Gespräch zwischen Wendla und ihrer Mutter hat ein zentrales Thema:
Vordergründig geht es um ein altes Kleid, das Wendla bisher getragen hat, und ein neues, das sie in den Augen der Mutter nun, da sie 14 Jahre alt ist, tragen soll.
Das alte und das neue Kleid sind in dieser Szene wichtige Requisiten. Wie stellen Sie sich die beiden Kleider vor?

Das alte Kleid

Das neue Kleid

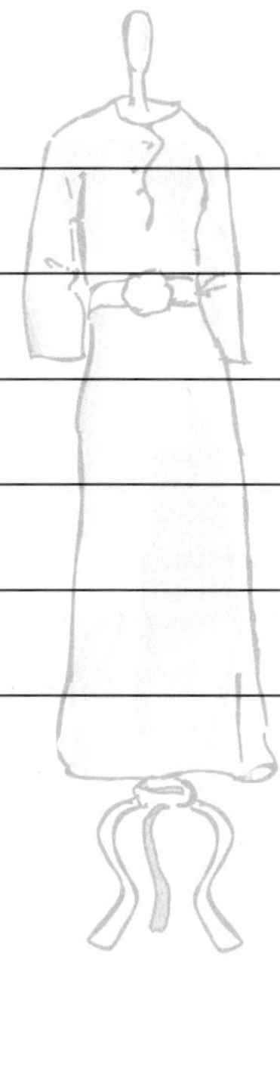

Volkmar Döring

Das „thematische Zentrum“

Dass eine Dramenszene, zumal die erste, eine Funktion für das Ganze hat, ist eine Erwartung, die auch Schülerinnen und Schüler bei ihrer Lektüre mitbringen. Diese Erwartung wird einerseits erfüllt, denn der 14. Geburtstag ist im Blick auf das Schicksal Wendlas ein markantes Ereignis und verknüpft die Eingangsszene über mehrere Stationen mit der Schlussszene des Dramas. Andererseits wird die scheinbare Oberflächlichkeit des Gesprächs zwischen Mutter und Tochter irritieren und die Frage aufwerfen, welchen Aufschluss die kurze Szene für das Drama gibt.

Hier setzen die Überlegungen von Hansgeorg Schmidt-Bergmann an, der in seinem Kommentar u. a. nach dem „dramatischen Modell“ fragt, dem Wedekind mit seinem Stück verpflichtet ist (SBB, S. 116 ff.). Dass die Schülerinnen und Schüler das naturalistische Drama kennen, von dem Wedekind sich abgrenzt, oder dass sie mit der Diskussion über die geschlossene bzw. die offene Form im Drama vertraut sind, kann sicher nicht vorausgesetzt und muss an dieser Stelle auch nicht erarbeitet werden. Aber die These, dass die erste Szene „unmittelbar in das Zentrum der Problemkonstellation des Stückes“ führe, kann aufgegriffen und am Text überprüft werden.

▶ **1** Die Schülerinnen und Schüler müssen die beiden Ebenen der im Drama erzählten Geschichte unterscheiden: einerseits den so genannten Plot und andererseits das „thematische Zentrum“. Im Titel *Frühlings Erwachen* wird das, was Schmidt-Bergmann auch „Problemkonstellation“ nennt, metaphorisch umschrieben. Wedekinds eigene Sicht, er habe in dem Stück „die Erscheinungen der Pubertät bei der heranwachsenden Jugend poetisch zu gestalten“ versucht (S. 120) kann zusätzlich herangezogen werden.

▶ **2** Wendla bestimmt eindeutig den Verlauf dieses Gespräches. Sie hat das erste und das letzte Wort. Zunächst gerät die Mutter durch die direkte Frage der Tochter in Erklärungsnot. Sie verweist darauf, was sich in einem bestimmten Alter „schickt“ und was nicht, findet damit bei Wendla aber kein Gehör. Schließlich gibt sie nach, ohne dass es ihr gelungen wäre, ihre Bedenken Wendla gegenüber zum Ausdruck zu bringen. Am Ende ist Wendla sogar argumentativ die Überlegene, indem sie die Gedanken der Mutter geschickt aufgreift und sie in ihrem Sinne verwendet.

Zäsuren im Gespräch kann man zunächst dort sehen, wo Wedekind jeweils Gedankenstriche bzw. drei Punkte setzt und so Einschnitte bzw. Sprechpausen markiert. In der Regel gehen damit Einschnitte im Gespräch einher, neue Themen und Gedanken, eine andere Perspektive der Betrachtung oder eine andere Sprechhaltung. Auf diese Weise werden vor allem die überraschenden Wendungen im Gespräch hervorgehoben, z. B. dort, wo Wendla unversehens ihre Todesahnungen „ins Spiel bringt“ (S. 9_{27}) oder sich in ihrer Fantasie ausmalt, dass sie unter dem „Bußgewand“ wie eine Elfenkönigin gekleidet sei (S. 10_{22}). Während man die abendlichen Gedanken an den eigenen Tod noch mit Wendlas Entwicklungsphase deuten und vereinbaren kann, in der das eigene Ich zunehmend distanzierter betrachtet wird, bleibt die letzte Äußerung merkwürdig fremd. Welche Vorstellungen verbindet Wendla mit einer Elfenkönigin? Sind es auch jene anmutigen weiblichen Geister, von denen der Wortkommentar spricht? Oder schwingt als weitere Bedeutungskomponente das Verführerische mit? Insofern könnte das Bußgewand die eigentliche Natur Wendlas auch nur verdecken.

Hier gewinnt man auch den Eindruck, dass die erwachende Sexualität nicht nur von der Mutter wahrgenommen, sondern im Sprechen und Denken Wendlas schon verankert ist. Sie ist zwar unaufgeklärt, ist sich aber andererseits durchaus ihrer Weiblichkeit bewusst.

▶ **3** Wendla ist die komplexere Figur. Das Verhalten der Mutter wirkt eher durchsichtig und typisch für ein kleinbürgerliches Milieu, dem das Ansehen in der Öffentlichkeit sehr viel bedeutet.

▶ **4** So könnten die Schülerinnen und Schüler z. B. ihre Vorstellungen darüber, wie Wendla das neue Kleid in den Schrank hängt, konkretisieren.

Das „thematische Zentrum"

> Das Gespräch zwischen Wendla Bergmann und ihrer Mutter in der Eingangsszene führt unmittelbar in das Zentrum der Problemkonstellation des Stückes. Der 14. Geburtstag der Tochter ist der Anlass für Befürchtungen der Mutter, dass die sich entwickelnde körperliche Reife des Mädchens Probleme verursachen könnte. Die Diskussion um die Länge des Rockes, die der Mutter nur als Vorwand dient, vermag Wendla nicht nachzuvollziehen, da sie von ihr in Unwissenheit über alles Geschlechtliche gehalten wird. Das thematische Zentrum des Stückes, die erwachende Sexualität, wird so exponiert und – auf Wendla mit ihren vagen Todesahnungen bezogen – auf einen dunklen Erwartungshorizont projiziert.
>
> *Hansgeorg Schmidt-Bergmann, SBB, S. 111*

▶ **1** Erklären Sie mit eigenen Worten, worin Hansgeorg Schmidt-Bergmann die Bedeutung der Eingangsszene für das ganze Stück sieht.

▶ **2** Überprüfen Sie die These des Autors, indem Sie den Verlauf des Gesprächs zwischen Wendla und ihrer Mutter genauer untersuchen:

Wer bestimmt eigentlich den Gesprächsverlauf? Wendla oder ihre Mutter? Woran kann man das erkennen?

Wo sehen Sie wichtige Zäsuren, eventuell auch Pausen im Gesprächsverlauf?

Welche Aussagen im Gespräch empfinden Sie als ungewöhnlich oder überraschend?

Wählen Sie ein solches Beispiel aus und versuchen Sie die Äußerung aus Ihrer Sicht zu erläutern.

Wendla in ihrem „Bußgewand" und „darunter wie eine Elfenkönigin"…
Ziehen Sie die Wort- und Sacherläuterungen zum Stichwort „Elfenkönigin" hinzu (S. 139) und versuchen Sie diese Fantasievorstellung Wendlas zu deuten.

▶ **3** Wer ist die komplexere Figur: Wendla oder Frau Bergmann? Begründen Sie Ihre Meinung.

▶ **4** Wedekind ist mit Regieanweisungen insgesamt sehr sparsam.
Wählen Sie zwei oder drei Stellen im Szenenverlauf aus, zu denen Sie genauere Regieanweisungen formulieren und damit Ihr Verständnis vom Verlauf dieser Eingangsszene verdeutlichen.

Spieler und Gegenspieler/Haupt- und Nebenfiguren

Wedekinds *Kindertragödie* hat keinen Helden, keine Hauptfigur, die eindeutig im Mittelpunkt steht. Andererseits gibt es in der Vielzahl der Akteurinnen und Akteure einige, die das Geschehen prägen, und andere, die ebenso deutlich am Rand stehen. Die Häufigkeit des Auftretens ist dafür ein Indiz, aber nicht ausschließlich. Der „Vermummte Herr" tritt nur in der Schluss-Szene auf, spielt dort aber eine besonders wichtige Rolle. Man hat für solche Figuren auch den Begriff Episodenfigur vorgeschlagen und damit ihre Position zwischen den Haupt- und den Nebenfiguren betont.

▶ **1** Zu den Hauptfiguren zählen Melchior Gabor, Moritz Stiefel, Wendla Bergmann und ihre Mutter, das Ehepaar Gabor, der „Vermummte Herr", eventuell auch Ilse.
Zu den Nebenfiguren gehören die Gymnasiasten Otto, Robert, Georg Zirschnitz, Ernst Röbel, Hänschen Rilow und Lämmermeier, dann die Zöglinge der Korrektionsanstalt Diethelm, Reinhold, Ruprecht, Helmuth und Gaston, die beiden Mädchen Martha Bessel und Thea, Wendlas Schwester Ina Müller, Rektor Sonnenstich und die Gymnasiallehrer Hungergurt, Knochenbruch, Affenschmalz, Knüppeldick, Zungenschlag und Fliegentod, der Pedell Habebald, Moritz Stiefels Vater, der Rentier Stiefel, Onkel Probst und Freund Ziegenmelker, Pastor Kahlbauch, Dr. v. Brausepulver und die Mutter Schmidtin, schließlich noch der Leiter der Korrektionsanstalt Dr. Prokrustes und ein Schlossermeister.
Damit sind die beiden wichtigsten Gruppierungen schon genannt: zwei Schülergruppen und eine Lehrergruppe.
Eine weitere Gruppe bildet jener Personenkreis, der sich am Grab von Moritz Stiefel trifft.

▶ **2** Auffällig ist, dass Wedekind gerade die männlichen Amtsträger mit karikierenden Namen versieht. Die Lehrernamen wirken wie Spitznamen aus Schülermund. Sie wie auch Pastor Kahlbauch oder Dr. Brausepulver werden nur in ihrer gesellschaftlich-öffentlichen Rolle gezeigt, individuelle Züge fehlen ganz.

▶ **3** Die für das Stück konstitutive Beziehung ist die Freundschaft zwischen Melchior und Moritz. Es ist ein ungleiches Paar und damit für den Vergleich (▶ **4**) besonders geeignet.
Die zweite freundschaftliche Beziehung – die zwischen Hänschen Rilow und Ernst – ist homoerotischer Art und steht damit in deutlichem Kontrast zu der zwischen Melchior und Moritz. Unter den verwandtschaftlichen Beziehungen ragen die zwischen Kindern und ihren Eltern heraus. Das Ehepaar Gabor erhält dabei besonderes Gewicht, während der Rentier Stiefel eher eine Nebenrolle spielt. Frau Bergmann und Frau Gabor wiederum bieten sich für einen Vergleich (Erziehungsverhalten) an. Wendla wird nicht nur ohne feste Freundin gezeigt, auch zu ihrer Schwester scheint es keine engere vertrauensvolle Beziehung zu geben. In ihrem beruflichen Agieren werden die Gymnasiallehrer gezeigt und verspottet, auf ähnliche Weise wird auch Dr. v. Brausepulver in seiner ärztlichen Kompetenz bloßgestellt.

▶ **4**

Melchior – Moritz
Was zunächst nur wie die Freundschaft zwischen zwei ungleich veranlagten und begabten Schülern aussieht, entwickelt sich im Verlauf des Dramas zum Gegeneinander unterschiedlicher Lebenshaltungen: der eine, der das Leben flieht, und der andere, der es im letzten Moment noch annimmt.

Wendla – Ilse
s. Projektvorschläge S. 42/43

Frau Gabor/Frau Bergmann
Beide sind auf den familiär-privaten Bereich, und hier insbesondere auf die Kindererziehung ausgerichtet. Frau Gabor, Gattin eines Juristen, zeigt dabei eine stark reflexive, problembewusste Haltung, die sie im Disput mit ihrem Mann auch bis zu einem bestimmten Punkt offensiv zum Ausdruck bringt. Frau Bergmann dagegen wirkt kleinbürgerlich, engstirnig, ohne Fähigkeit das eigene Verhalten gegenüber der Tochter zu reflektieren.

Spieler und Gegenspieler/Haupt- und Nebenfiguren

Frühlings Erwachen ist ein ungewöhnliches Stück. Das sieht man schon an der Vielzahl der Figuren, die die Handlung bestimmen. Sie agieren mit- und gegeneinander und als Haupt- oder Nebenfiguren haben sie unterschiedlichen Anteil am dramatischen Geschehen.

▶ **1** Wedekind verzichtet auf ein sonst übliches, dem Drama vorangestelltes Personenverzeichnis.
Erstellen Sie auf dem Theaterzettel ein solches Verzeichnis.
Dort,wo es Ihnen sinnvoll erscheint, können Sie auch Personen zu Gruppen zusammenfassen.

Frank Wedekind

Frühlings Erwachen
Eine Kindertragödie

Hauptfiguren:

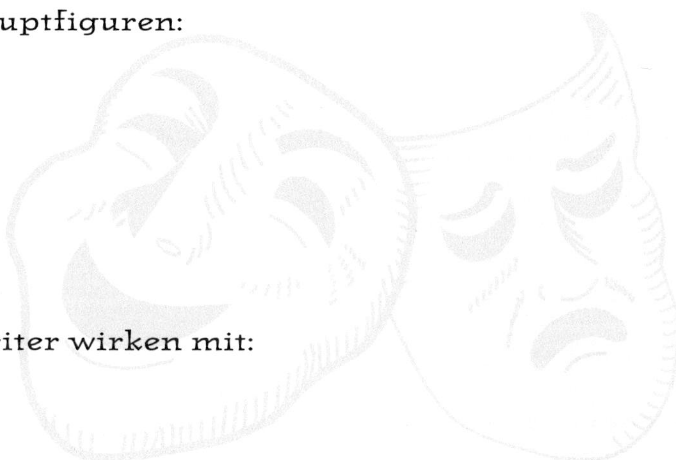

Weiter wirken mit:

▶ **2** Aufschlussreich ist auch ein Blick auf die Namen der Personen. Hier verfährt Wedekind sehr unterschiedlich.
Was stellen Sie fest?

▶ **3** Die Personen eines Dramas stehen in unterschiedlichen Beziehungen zueinander.
Welche Beispiele können Sie nennen für

freundschaftliche: ______________________________

verwandtschaftliche: ______________________________

berufliche: ______________________________

gesellschaftliche Beziehungen: ______________________________

▶ **4** Bei welchen Figuren erscheint Ihnen ein Vergleich aufschlussreich?
Nennen Sie Beispiele und begründen Sie Ihre Meinung.

Jugend und Erwachsene

Auffällig ist in Wedekinds Drama auch die Personenkonstellation. Die Jugendlichen bilden ebenso eine Gruppe für sich wie die Erwachsenen, die ihnen in ihren unterschiedlichen Rollen als Eltern, Lehrer und Erzieher gegenüberstehen. Unter den Jugendlichen wiederum stehen die Schüler im Vordergrund, die Mädchen sind zahlenmäßig nicht nur die kleinere Gruppe, sie erhalten als dramatische Figuren – von Wendla einmal abgesehen – auch weniger Eigengewicht.
Julius Bab geht der Frage nach, wie diese Opposition zwischen Jugendlichen und Erwachsenen im Stück dramaturgisch zum Ausdruck kommt.

▶ **1**

Tafelbild

Darstellung der Jugend	Darstellung der Erwachsenen
„Die leidende und kämpfende Jugend" wird „ dichterisch rein, so zart und lebendig" dargestellt. Dort, wo Jugendliche agieren, handelt es sich um eine „lyrisch-pathetische" Szenengruppe, „die uns stärkste Lebensillusion erwecken soll und erweckt".	„All diese Eltern und Erzieher erscheinen nur in grandiosen Karikaturen als vollkommen blöde oder gemeine Subjekte." „eine groteske, höhnisch bloßgestellte" Welt der Erwachsenen, „die der Dichter vielleicht noch für Nachbildungen von Lebewesen hielt, die für uns aber lediglich den Wert genialer Karikaturistik haben können" Die Erwachsenen sind „vom wilden Hass verzerrte Geschöpfe".

Die Gegenüberstellung macht deutlich, dass der Autor an dieser Stelle nicht differenziert und auch nicht differenzieren will. Er will vielmehr auf unterschiedliche Darstellungsstile aufmerksam machen, die mal mehr, mal weniger krass (so wäre wohl ergänzend hinzuzufügen) die Dramaturgie der Szenen bestimmen.

▶ **2** Zu den Stärken, die Frau Gabor auszeichnen, gehören ihr liebevolles Verständnis für die Jugend, ihre Bereitschaft die schulischen Anforderungen zu relativieren, und ihre Fähigkeit die eigenen Überzeugungen gegen den Ehemann argumentativ geschickt vorzutragen. Allerdings zeigt gerade diese Szene (III,3) auch die Grenzen ihrer Liberalität. Dass ihr Sohn mit Wendla geschlafen hat, kann sie ihm nicht verzeihen. Ohne ihn darüber zu hören, stimmt sie dem Plan ihres Mannes zu, Melchior in die Korrektionsanstalt einzuweisen.

▶ **3** Es überrascht, dass der Autor die Darstellung der Jugendlichen in diesem Drama als „zart und lebendig" bezeichnet. Zart steht, so kann man vermuten, im Widerspruch zu krass, überzeichnet, verzerrt; lebendig kann im Sinne von lebensecht, realistisch, natürlich verstanden werden. Ob das so generell gilt, kann kritisch hinterfragt werden. Eine Differenzierung ist sicher möglich. Auch unter dieser Personengruppe gibt es Randfiguren, z. B. die Schüler der Korrektionsanstalt, die lediglich in einer einzigen Szene gezeigt werden. Was sie dort demonstrieren sollen, ist klar: das Gebaren junger pubertierender Männer, die in den Mauern einer solchen Anstalt leben. Sie „zeigen" ein bestimmtes Verhalten, ähnlich wie Hänschen Rilow und Ernst in III,6 oder Hänschen allein in II,3.

Jugend und Erwachsene

Julius Bab *Nebenrollen*

Für unsere Zeit ist Frank Wedekind ganz gewiss einer der merkwürdigsten und interessantesten Bühnendichter. Aber von seinen Produktionen, die heute unter dem Eindruck seiner fanatischen und fanatisierenden Persönlichkeit eine verwandt gestimmte Gesellschaft mit Interesse aufnimmt, werden vielleicht nicht viele in das dauernde Leben der deutschen Bühnen eingehen. Eine aber ganz gewiss: *Frühlings Erwachen*. Denn dies ist seine stärkste und reinste Dichtung. Wedekinds ewiges Thema ist ja der Befreiungskampf der Instinkte, der Ansturm der sinnlichen Gewalten gegen alle Fesseln der Zivilisation und Moral. Der Mensch, der sich finanziell und vor allen sexuell „durchsetzt“, oder dem dies zufolge ideologischer Hemmungen misslingt – das ist sein Thema. [...]
Freilich, schon dieses schöne und starke Frühwerk zeigt jenen grimmig polemischen Zug, der dann das Wedekind'sche Werk mit fanatischen Pedanterien bedrohte: So dichterisch rein, so zart und lebendig die leidende und kämpfende Jugend dargestellt ist, so wenig sind ihre Bedränger und Bedrücker als irgendwie sinnvolle, in aller ihrer Beschränktheit durch die Notwendigkeit des Daseins gerechtfertigte Wesen gezeichnet – all diese Eltern und Erzieher erscheinen nur in grandiosen Karikaturen als vollkommen blöde oder gemeine Subjekte. So zerfallen die Szenen, die das Stück mit dem ganzen wilden, lyrisch gewaltsamen Wechseltakt des „Sturm und Drang“ vorübertreibt, in zwei stilistisch sehr verschiedene Gruppen, eine lyrisch pathetische, die uns stärkste Lebensillusion erwecken soll und erweckt, und eine groteske, höhnisch bloßgestellte, die der Dichter vielleicht auch noch für Nachbildungen von Lebewesen hielt, die für uns aber lediglich den Wert genialer Karikaturistik haben können. Zwischen diese, von hingebender Liebe gestalteten, und vom wilden Hass verzerrten Geschöpfe ist vermittelnd nur eine einzige Gestalt gesetzt, das ist Frau Gabor. Sie – und allenfalls noch ihr Mann, der ohne allzu karikaturistische Übertreibungen eine normal konventionelle, intelligent-tüchtige Bürokratennatur zeigt, sind unter den Gegenspielern der Jugend in diesem Stück die einzigen Menschen. Frau Gabor aber ist die einzige Figur der älteren Generation, die auch mit Liebe, mit einem wirklich dichterischen Anteil behandelt ist und deshalb ist diese kleine Rolle für das Ganze des Stücks, für sein Gleichgewicht, seine Harmonie von größter Wichtigkeit.

Berlin: Oesterheld & Co. 1913, S. 206 ff.

▶ **1** Julius Bab stellt die Darstellung der Jugendlichen und die der Erwachsenen im Stück kontrastiv gegenüber. Welche Formulierungen verwendet er für die:

Darstellung der Jugend	Darstellung der Erwachsenen

▶ **2** In dieser Sicht spielt Frau Gabor innerhalb der Erwachsenen eine besondere Rolle.
Entwerfen Sie eine Charakteristik dieser Figur, in der Stärken und Schwächen zum Ausdruck kommen.

▶ **3** Sind alle Jugendlichen „so zart und lebendig“ dargestellt, wie der Autor glaubt, oder müsste man hier nicht auch differenzieren? Begründen Sie Ihre Meinung.

Szenenfolge und Handlungsstränge

▶ **1** Für ungeübte Leserinnen und Leser erschließt sich der Handlungsverlauf aus der Szenenfolge nicht von selbst. Zunächst soll daher der Blick auf Ort und Zeit gelenkt werden.

Tafelbild

Szene	Wo spielt die Szene?	Wann spielt die Szene?
I,1	„Wohnzimmer“ der Familie Bergmann	5. 5. 1892: Wendla B. wird 14.
2	irgendwo im Freien	Sonntagabend, -nacht
3	auf der Straße	
4	Parkanlagen vor dem Gymnasium	
5	im Wald	sonniger Nachmittag (im Mai?)
II,1	Melchiors Studierzimmer	Abend
2	Wohnzimmer der Familie Bergmann	(früher) Morgen
3	Abort	Nacht?
4	ein Heuboden	Zeit der Heuernte
5	Zimmer im Hause Gabor	
6	Garten der Familie Bergmann	„im Morgensonnenglanz“
7	Weg durch Gebüsch und Gras	Abenddämmerung
III,1	Konferenzzimmer des Gymnasiums	
2	Friedhof bei strömendem Regen	
3	Zimmer im Hause Gabor	
4	in der Korrektionsanstalt	
5	Wendlas Schlafzimmer	Platanen werden bunt.
6	im Weinberg	Zeit der Weinernte, Sonnenuntergang
7	auf dem Friedhof	„helle Novembernacht“

▶ **2**

Tafelbild

Wendlas Geschichte	Moritz’ Geschichte	Einzelszenen
I,1; I,3; I,5; II,2; II,4; II,6; III,3; III,5; III,7	I,2; I,4; II,1; II,5; II,7; (III,1); III,2; III,7	II,3; III,6

▶ **3**

Tafelbild

Ereignisse, die auf der Bühne dargestellt werden	Ereignisse, über die nur berichtet wird
Wendlas Geburtstag Wendla lässt sich von Melchior schlagen. Wendla und Melchior schlafen miteinander. Moritz’ Beerdigung Entscheidung der Familie Gabor, Melchior in die Korrektionsanstalt zu schicken Melchiors Entscheidung für das Leben	Moritz’ Einbruch ins Konferenzzimmer Ilse berichtet über ihr Leben in der Stadt. Melchiors Brief an Wendla: Er will geradestehen für das, was er getan hat.

„Ein Chaos von schnellen Szenen“

Szenenfolge und Handlungsstränge

▶ **1** Lesen Sie das Stück und versuchen Sie den Handlungsverlauf aus der Szenenfolge möglichst genau zu rekonstruieren. Ergänzen Sie dabei die Tabelle. Viele Angaben können Sie aus den Regieanweisungen entnehmen, andere lassen sich erschließen.

Szene	Wo spielt sie?	Wann spielt sie?
I,1	„Wohnzimmer“ der Familie Bergmann	5. 5. 1892: Wendla B. wird 14.
2	irgendwo im Freien	
3	auf der Straße	
4		
5		sonniger Nachmittag (im Mai?)
II,1		
2		
3		
4		
5		
6		
7		
III,1		
2		
3		
4		
5		
6		
7		„helle Novembernacht“

▶ **2** Die Szenenfolge wirkt zunächst verwirrend. Zwar lassen sich einzelne Handlungsstränge erkennen, aber daneben gibt es auch Einzelszenen, die scheinbar unverbunden neben den anderen stehen.
Ordnen Sie die Szenen von I,1 bis III,7 folgenden Gruppen zu:

Wendlas Geschichte	Moritz’ Geschichte	Einzelszenen

▶ **3** Der Handlungsverlauf wird zeitlich durch Wendlas Geburtstag am 5. 5., ihren Todestag am 27. 10. desselben Jahres und die Schlussszene im November begrenzt.
Welche für das Stück wichtigen Ereignisse finden innerhalb dieses Halbjahres statt?

Ereignisse, die auf der Bühne dargestellt werden	Ereignisse, über die nur berichtet wird

Lesedrama oder Bühnenstück?

▶ **1** Paul Goldmanns Kritik ist zu oberflächlich. Der ständige Ortswechsel allein spricht noch nicht gegen die Möglichkeit einer Aufführung des Stückes. Es geht vielmehr darum, wie die Voraussetzungen einer Bühne genutzt werden können um die unterschiedlichen Schauplätze (Szenen im Freien bzw. in geschlossenen Räumen) zu gestalten. *Frühlings Erwachen* ist schließlich kein naturalistisches Drama, bei dem die detailgetreue Ausstattung der Schauplätze unabdingbar ist. Auch der zweite kritische Einwand bleibt zu pauschal. Dass die einzelnen Szenen „zumeist [...] nichts als Gespräche“ bieten, ist sachlich unzutreffend (s. etwa I,5 oder II,4). Und wenn dies tatsächlich so ist, dann muss zwischen dem vordergründig banalen Gespräch und seiner tieferen Bedeutung unterschieden werden (wie etwa in I,1). Das tut Goldmann nicht, wie der Hinweis zu I,1 zeigt.

▶ **2** Siegfried Jacobsohn urteilt sehr viel differenzierter. Er macht deutlich, dass die rasche Szenenfolge in diesem Stück eine ästhetische Funktion hat. Sie entspricht, so die zentrale These des Autors, der pubertären Lebensphase, in der sich die jugendlichen Handlungsträger befinden. Es käme demnach darauf an, dass eine Aufführung diese Funktion der raschen Szenenfolge auch deutlich machte.

▶ **3** Schon die Szene I,1 kann als Beispiel dienen für jene Szenen, die eine realistische Gestaltung nahe legen. Das gilt zumindest für Wendla und ihr Verhalten im Gespräch mit der Mutter, sicher auch für die beiden Kleider, um die es dabei geht, und die Art und Weise, wie die Vierzehnjährige damit umgeht. Im Blick auf Wendlas Mutter können die Meinungen über die Ausgestaltung dieser Rolle schon eher auseinander gehen. Wie echt, wie „natürlich“ darf sie in ihrer Rolle noch wirken? Oder sieht man in ihr auch eher das Zerrbild einer Mutter, unfähig sich der eigenen Tochter gegenüber offen zu verhalten? Wie immer man dies sieht, hat es Konsequenzen für die Rollengestaltung (Spiel- und Sprechweise, Kostüm, Mimik, Gestik usw.). Denkbar also, dass schon in einer solchen Szene beide Darstellungsstile nebeneinander auftauchen. Die karikaturhafte Darstellung dominiert dagegen in anderen Szenen eindeutig, so etwa in der Konferenzzimmerszene oder auch in der Begräbnisszene. Wo immer die Erwachsenen agieren, setzt Wedekind in dieser Hinsicht deutliche Akzente.

▶ **4** Die erste Szene verlangt einen geschlossenen Raum, ein Wohnzimmer im Hause Bergmann. Die weiteren Szenen des 1. Akts spielen alle im Freien. In I,2 verzichtet Wedekind auf nähere Angaben zum Schauplatz; in I,3 kommen *Thea, Wendla und Martha Arm in Arm die Straße herauf*; I,4 spielt *in den Parkanlagen vor dem Gymnasium* und I,5 schließlich *im Wald*. Das ist zwar im strengen Sinn von Szene zu Szene ein neuer Schauplatz, andererseits sind die Hinweise wiederum sehr offen und lassen auch eine Bühnengestaltung zu, die sich mit wenigen Änderungen begnügt. Dabei leistet eine Drehbühne natürlich gute Dienste, weil sie die zügige Aufeinanderfolge dieser Szenen ermöglicht, ohne dass längere Pausen entstehen.

▶ **5** Argumente, die in den Augen der Direktion des Deutschen Theaters für eine Freigabe des Stückes sprechen:
- „ein neues Stoffgebiet“ für das Theater:
  „die intellektuellen und sinnlichen Kämpfe der heranwachsenden Jugend“
- die künstlerische Qualität des Stückes, die „jede Verletzung eines empfindlichen Schamgefühls“ ausschließt
- eine Aufführung für ein kleines, exklusives Theaterpublikum (also nicht für die breite Öffentlichkeit)
- Rollenbesetzung durch professionelle Schauspielerinnen und Schauspieler
- der hohe künstlerische Rang des Ensembles, der eine „diskrete, von jeder rohen oder allzu drastischen Wirkung freie Darstellung“ garantiert

Lesedrama oder Bühnenstück?

Bernhard von Jacobi als Melchior, Camilla Eibenschütz als Wendla, Alexander Moissi als Moritz Figuren aus der Uraufführung

Theaterwissenschaftliche Sammlung der Universität Köln

Wedekinds *Kindertragödie* galt zunächst als reines Lesedrama, mit den Mitteln des zeitgenössischen Theaters nicht aufführbar. Es dauerte entsprechend lange, bis das Stück am 20. 11. 1906 in den Berliner Kammerspielen von Max Reinhardt inszeniert wurde. Diese Uraufführung wurde insgesamt zum Überraschungserfolg. Dennoch war die Diskussion über die Bühnentauglichkeit damit nicht abgeschlossen.

Paul Goldmann urteilt in seiner Kritik der Berliner Inszenierung:
Man kann sich nichts Bühnenunmöglicheres denken. Das Stück besteht aus neunzehn Szenen, von denen jede auf einem besonderen Schauplatz sich abspielt. Nicht einmal die einzelnen Szenen sind dramatisch gebaut. Zumeist sind sie nichts als Gespräche. Die erste Szene dauert etwa drei Minuten. Das dramatische Ereignis, das sie bringt, ist, dass die Tochter der Mutter sagt, sie möchte lange Kleider tragen. In der zweiten Szene sieht man zwei Jungen im Grase liegen und sich über ihre ersten erotischen Empfindungen unterhalten. In der dritten Szene reden drei kleine Mädchen viele kleine Unanständigkeiten [...]

Vom Rückgang der deutschen Bühne. Frankfurt a. M.: Rütten & Loening 1908, S. 113

Siegfried Jacobsohn dagegen verteidigt gerade ...
Ein Chaos von schnellen Szenen, die scheinbar auseinander flattern und doch mit zielsicherer Schlagkraft vorwärts drängen. Bis zum Schluss des zweiten Akts keine, die nicht dem Ganzen diente, nicht der Katastrophe zutriebe. [...] Der innere Zusammenhang entscheidet und der ist hier lückenlos gewahrt. Nicht genug: Es gibt gar keine Technik, die der Darstellung jener Zeit des Vibrierens und Träumens, des Aufschreckens und Erzitterns, des Knospens und Aufspringens besser taugte als diese. Ein allgemein gültiges tragisches Weltbild hat seinen spezifischen dramatischen Ausdruck gefunden.

Max Reinhardt. Berlin: Erich Reiß 1910, S. 36

▶ **1** Paul Goldmann bemängelt den ständigen Wechsel der Schauplätze und den dramatischen Bau der Einzelszenen. Können Sie diese Kritik nachvollziehen oder halten Sie sie für zu einseitig?

▶ **2** Siegfried Jacobsohn setzt die Szenentechnik in Bezug zum dargestellten Geschehen.
Umschreiben Sie seine Einschätzung mit eigenen Worten und nehmen Sie kritisch Stellung.

Nicht nur der rasche und ständige Szenenwechsel, auch die Uneinheitlichkeit der szenischen Gestaltung fiel den zeitgenössischen Kritikern auf. Manche Szenen legen eine realistische Gestaltung auf der Bühne nahe (Bühnenbild, Kostüme, Figurendarstellung), andere wirken so karikaturhaft überspitzt, dass man sie kaum in gleicher Weise inszenieren kann.

▶ **3** Wählen Sie zwei Szenen aus, die sich in dieser Hinsicht deutlich voneinander unterscheiden, und machen Sie Vorschläge, wie diese Szenen auf der Bühne umgesetzt werden könnten.

▶ **4** Max Reinhardt konnte in seiner Uraufführung schon eine Drehbühne einsetzen. Zeigen Sie am Beispiel der Szenenfolge des 1. Akts, wie eine Aufführung durch eine solche Drehbühne erleichtert wird.

▶ **5** Die näheren Umstände der Berliner Uraufführung des Stückes, insbesondere den Kampf gegen die Zensur, stellt Hansgeorg Schmidt-Bergmann in seinem Kommentar dar (SBB, S. 125 ff.).
Stellen Sie die Argumente zusammen, mit denen Max Reinhardt sich an das „Königliche Polizei-Präsidium“ wendete und um die Freigabe des Stücks für eine Aufführung ersuchte.

Stationen und Begegnungen

▶ **1** Die Beziehung zwischen Wendla und Melchior wird zunächst in ihren wichtigsten Stationen bewusst gemacht.

Tafelbild

Szene	Inhalt	Weiterführende Fragen und Überlegungen
I,3	im Mai – nach Wendlas Geburtstag Wendla mit ihren Freundinnen auf der Straße Melchior „geht vorüber und grüßt" (S. 21_{16}).	Wie reagieren die Mädchen auf Melchior? Wie unterscheidet sich Wendla von Thea und Martha?
I,5	Melchior und Wendla „begegnen einander im Wald". Wendla sucht Waldmeister für die Maibowle. Melchior verwickelt sie in ein Gespräch über Opferfreudigkeit. Danach provoziert Wendla Melchior sie zu schlagen.	Inwieweit zeigen Melchior und Wendla ein typisches Verhalten für männliche bzw. weibliche Jugendliche? Wirkt Melchiors Interesse an dem Disput echt oder will er nur seine intellektuelle Überlegenheit demonstrieren?
II,4	Heubodenszene, Zeit der Heuernte im Juli Wendla sucht und findet Melchior auf einem Heuboden. Es kommt zur ersten körperlichen Annäherung und zum Geschlechtsverkehr.	Wie reagieren die beiden Jugendlichen aufeinander? Was bedeuten Zeit und Ort für diese Szene? Vergewaltigung, Verführung oder Einverständnis?
II,6	Wendlas Monolog im Garten („im Morgensonnenglanz"): Wendla bringt ihre Gefühle zum Ausdruck.	Warum findet Wendla „nicht Worte" für das, was sie bewegt? Welche Rolle spielen die Veilchen für Wendla?
III,5	in Wendlas Schlafgemach (kurz vor dem Abtreibungsversuch): Wendla ahnt, wie es um sie steht. Dr. v. Brausepulver macht sich lächerlich und die Mutter erwartet „Mutter Schmidtin", die die Abtreibung vornehmen soll.	Dr. v. Brausepulver in Aktion: Welches Bild gewinnt man in dieser Szene von ihm? Ina, Wendlas Schwester, kommt noch zu einem kurzen Auftritt. Würden Sie diesen Teil in einer Aufführung streichen? Wendlas Mutter und ihre Tochter: Charakterisieren Sie die beiden in dieser Szene.
III,7	Melchior am Grab Wendlas: Schuldgefühle Er betrachtet sich als ihr „Mörder".	Wieso betrachtet Melchior sich als der Schuldige? Was fällt an seiner Sprache auf?

▶ **2/3** Die Beziehung zwischen Wendla und Melchior wird aus unterschiedlicher Perspektive betrachtet. Es spricht einiges dafür, dass Wendla in Melchior verliebt ist. Im Kreis der Gymnasiasten ist er ein auffälliger Schüler, der sich in der Rolle des jungen Intellektuellen besonders wohlfühlt. In I,3 wird deutlich, dass es auch früher schon Kontakte und Gespräche zwischen den beiden gab. Melchiors Geständnis, er sei Atheist, hat Wendla offenbar tief beeindruckt. In II,4 ist sie es auch, die Melchior sucht und sich nicht abweisen lässt. Andererseits bleibt auffällig, dass Melchior in ihrem Monolog (II,6) nicht vorkommt. Sie scheint sich ausschließlich auf sich selbst und darauf, was das Erlebnis mit ihr gemacht hat, zu besinnen. So bleibt letztlich offen, wie bewusst sie sich ihrer Beziehung zu Melchior ist. Erst die Gestaltung dieser Rolle in der Inszenierung kann darin deutlichere Akzente setzen.

Und Melchior? Man hat nicht den Eindruck, dass Wendla in seinen Gedanken und Überlegungen eine besondere Rolle spielt. In seinen Gesprächen mit Moritz z. B. fällt darüber kein Wort. Melchior registriert zwar bei sich selbst das Erwachen der Sexualität, aber daraus erwächst noch kein Interesse an einer jungen Frau als Partnerin. In der Heubodenszene spürt er dann, was in Gestalt Wendlas auf ihn zukommt. Er wehrt sich zwar, aber dann lässt er es – ähnlich wie Wendla – geschehen. Dass er sich später mit Schuldvorwürfen plagt, darf man sicher nicht überbewerten. Hier erleben wir Melchior wieder in einer Rolle, in der Erwartungen gegenüber seiner männlichen Rolle vermutlich von stärkerer Bedeutung sind als die Verarbeitung seiner Erfahrungen mit Wendla.

Wendla und Melchior – eine Liebesgeschichte?

Stationen und Begegnungen

Szene	Inhalt	Weiterführende Fragen und Überlegungen
I,3	im Mai – nach Wendlas Geburtstag Wendla mit ihren Freundinnen auf der Straße Melchior „geht vorüber und grüßt" (S. 21_{16}).	Wie reagieren die Mädchen auf Melchior? Wie unterscheidet sich Wendla von Thea und Martha?
I,5	Melchior und Wendla „begegnen einander im Wald". Wendla sucht Waldmeister für die Maibowle. Melchior verwickelt sie in ein Gespräch über Opferfreudigkeit. Danach provoziert Wendla Melchior sie zu schlagen.	
II,4	Heubodenszene, Zeit der Heuernte im Juli Wendla sucht und findet Melchior auf einem Heuboden. Es kommt zur ersten körperlichen Annäherung und zum Geschlechtsverkehr.	
II,6	Wendlas Monolog im Garten („im Morgensonnenglanz"): Wendla bringt ihre Gefühle zum Ausdruck.	
III,5	in Wendlas Schlafgemach (kurz vor dem Abtreibungsversuch): Wendla ahnt, wie es um sie steht. Dr. v. Brausepulver macht sich lächerlich und die Mutter erwartet „Mutter Schmidtin", die die Abtreibung vornehmen soll.	
III,7	Melchior am Grab Wendlas: Schuldgefühle Er betrachtet sich als ihr „Mörder".	

▶ **1** Ist es Liebe, was Melchior und Wendla zusammenbringt? Oder pubertär-sexuelle Neugier und Verwirrung der Gefühle? Immerhin zeigen sechs der insgesamt neunzehn Szenen wie in einem Bilderbogen den Verlauf dieser kurzen Geschichte.
Ergänzen Sie die Übersicht.

▶ **2** Ist Wendla in Melchior verliebt? Was spricht für, was gegen eine solche Annahme?

▶ **3** Und Melchior? Nutzt er Wendlas Unerfahrenheit aus oder wird er selbst Opfer seiner sexuellen Triebhaftigkeit? Nehmen Sie kurz Stellung.

„Man liebt sich, wenn man küßt!“

▶ **1** Am Beispiel dieser kurzen Inhaltsangabe in Form einer Überschrift lassen sich die Schwierigkeiten verdeutlichen den „Inhalt“ einer solchen Szene knapp zusammenzufassen.
Hervorgehoben wird die Rolle Melchiors: Er erscheint in dieser Wiedergabe als der aktiv Handelnde, der droht und dann Wendla „umarmt und küßt“. Wendla wird lediglich in der Rolle der sich Wehrenden gesehen. Unerwähnt bleibt, dass die Szenerie schwül und düster ist, ebenso der Hinweis auf das duftende Heu. Wichtiger erscheint noch, dass es Wendla ist, die die körperliche Nähe zu Melchior herstellt. In ihrer Fantasie erlebt sie sich zusammen mit Melchior im Gewitter, „naß bis auf die Haut“, ein weiteres Indiz dafür, dass Wendla in dieser Szene nicht lediglich passiv bleibt.

▶ **2** Die Formulierung „Sie lieben sich.“ mag man in diesem Zusammenhang für ungewöhnlich halten. Das hängt damit zusammen, dass „sich lieben“ in der Regel als Zustandsverb verwendet wird, also in der Bedeutung „sich gern haben/sich mögen“, während es hier als Vorgangsverb in der neutralen Bedeutung für den Vollzug des Geschlechtsverkehrs verwendet wird. Insofern mag man die Formulierung zwar für missverständlich halten, unangemessen ist sie aber nicht.

▶ **3** Die Konkretisierungsvorschläge könnten – ein bestimmtes Verständnis dieser Szene vorausgesetzt – etwa so aussehen:

Tafelbild

Textstelle: Seite/Zeile	Regieanweisung
S. 43_{1}	Melchior (wendet sich von Wendla ab)
S. 43_{2}	Wendla (beugt sich über Melchior und greift nach seinen Händen)
S. 43_{4}	Melchior (fährt hoch und stößt Wendla zurück)
S. 43_{10}	Melchior (blickt Wendla lange an, dann nimmt er sie in die Arme und legt seinen Kopf an ihre Brust)
S. 43_{12}	
S. 43_{14}	Wendla (Melchiors Küsse erwidernd)
S. 43_{15}	Melchior (drückt Wendla mit dem Rücken aufs Heu und fährt fort sie zu küssen)

▶ **4** Widersprüche lassen sich im Verhalten und im Sprechen der beiden Jugendlichen feststellen. So will Melchior Wendla zunächst gewaltsam von sich fern halten, dann jedoch zieht er sie an sich und küsst sie. Wendla will eigentlich mit Melchior hinaus ins Freie, vielleicht um bei der Heuernte zu helfen oder zusammen mit Melchior das Gewitter zu erleben, dann lässt sie sich jedoch auf Melchiors Drängen ein. Verbal wehrt sie sich zwar mit dem wiederholten „Nicht!“ gegen Melchior, aber ihre Körpersprache kann diesen Äußerungen durchaus widersprechen. Melchiors Äußerungen wirken zunächst sehr spontan: Er erkennt vielleicht deutlicher als Wendla die Situation und versucht (aus Angst vor dem ersten Mal?) sich dagegen zu wehren. Wenig später wirken einzelne Äußerungen geradezu aufgesetzt metaphorisch (der Himmel – *schwarz wie ein Bahrtuch*; das Bild vom *leuchtenden Mohn* an Wendlas Brust). Sind das Ahnungen von dem, was kommen wird? Schließlich die Wendla belehrenden Äußerungen, es gebe keine Liebe, wo er sie doch gerade praktiziert.

Wendla und Melchior – eine Liebesgeschichte?

„Man liebt sich, wenn man küßt!“

Ein Heuboden, draußen zieht ein Gewitter auf. Melchior liegt im Heu, Wendla kommt hinzu. Erst droht Melchior ihr; als Wendla sich aber nicht vertreiben lässt, umarmt und küsst er sie. Nun wiederum wehrt Wendla sich: „Man liebt sich – wenn man küßt.“ Melchior darauf: „O glaub mir, es gibt keine *Liebe*!“ Sie lieben sich.

vgl. II, 4, SBB, S. 42 f.

▶ **1** Überprüfen Sie diese knappe Inhaltsangabe zur Szene II,4, der Heubodenszene.
Was wird hervorgehoben, was bleibt unerwähnt?

▶ **2** Wie sehen Sie das:
Die Formulierung „Sie lieben sich.“ ist angemessen.
Die Formulierung „Sie lieben sich.“ ist missverständlich.
Begründen Sie Ihre Meinung.

▶ **3** Wedekind lässt auch in dieser Szene vieles offen. Versuchen Sie Ihre Vorstellungen vom Ablauf des Geschehens zu verdeutlichen, indem Sie entsprechende Regieanweisungen in den Text einfügen.

Textstelle: Seite/Zeile	**Regieanweisung**

▶ **4** Wendlas und Melchiors Verhalten wirkt in sich widersprüchlich.
Versuchen Sie diese Widersprüchlichkeit genauer zu beschreiben und zu erklären.

Die Heubodenszene – so oder so?

Nach der genaueren Analyse der Mittelpunktszene aus *Frühlings Erwachen* werden auf dieser Seite zwei Szenenfotos vorgestellt, die Einblick geben in die Art und Weise, wie Regisseure mit einer derartigen Vorlage umgehen können.

▶ **1** Das Foto zeigt Wendla und Melchior, die sich umarmen und küssen. Damit ist die Zuordnung zur Textstelle relativ leicht möglich (z.B. SBB, S. 43_{14}).

▶ **2** Die Darstellung wirkt zunächst einmal ungewöhnlich künstlich, fast artistisch. Wendla und Melchior knien mit dem rechten Bein auf dem Boden, während das linke aufgestützt ist, sie umarmen einander mit leidenschaftlicher Hingabe. Melchiors Küssen wird als sexuelle Geste noch intensiviert, Wendlas Hingabe wird ebenso eindeutig in Szene gesetzt. Der Akteur und die Akteurin entsprechen kaum den landläufigen Vorstellungen von Vierzehnjährigen gegen Ende des 19. Jahrhunderts: Die sportlich durchtrainierten Körper (auch Wendlas Knieschoner) erinnern eher an die Szenerie von Fitnessstudio oder Musical. Der Bühnenbau schließlich lässt nichts mehr von einem Heuboden erkennen, die Szenerie erinnert eher an einen Boxring, auf dem sich gerade der Kampf der Geschlechter ereignet.

▶ **3** Ist die Rollenbesetzung dem Stück angemessen?
Können die beiden Darsteller Vierzehnjährige glaubhaft darstellen?
Wird die Rollengestaltung (soweit man dies auf dem Foto erkennen kann) Wedekinds *Kindertragödie* gerecht?
Vermittelt dieses Bild einen glaubwürdigen Eindruck vom „ersten Mal“? Oder ist das nicht eher Sexualakrobatik, die im (bewussten?) Widerspruch steht zu dem, was *Frühlings Erwachen* eigentlich schildert?
Warum verzichtet die Inszenierung auf alle Hinweise Wedekinds bezüglich Zeit und Ort des Geschehens? Ist das unwichtig?

▶ **4** Der Kritiker hält zunächst die Entscheidung, „alle Szenen von den jeweils gerade nicht eingreifenden Mitspielern“ beobachten zu lassen, aus zwei Gründen für sinnvoll. Einmal werde so im Sinne Wedekinds der Aspekt des Theatralischen besonders betont, zum andern werde deutlich, welcher gesellschaftliche Druck von außen auf den jugendlichen Heranwachsenden laste. Allerdings sei die zusätzliche und anschließende „Tuscheltuschelpantomime“ überzogen. Hier wäre, so die Kritik, ein harter Schnitt sehr viel wirkungsvoller gewesen.
Schülerinnen und Schüler werden durch die Einblicke in die beiden Inszenierungen wie auch durch die Lektüre der Theaterkritik vielleicht verblüfft sein darüber, wie frei ein modernes Regietheater im Umgang mit der Textvorlage Wedekinds verfährt. Eine möglichst werkgetreue oder eine freischöpferische Umsetzung der überlieferten Dramenliteratur auf der Bühne – zwischen diesen Polen bewegen sich die Möglichkeiten des Theaters. Billigt man dem Theater bzw. den verantwortlichen Regisseuren beide Inszenierungsmöglichkeiten zu, dann werden die Inszenierungsentscheidungen der Heidelberger Aufführung durchaus nachvollziehbar. Das kann auch für die „Tuscheltuschelpantomime“ gelten, an der der Kritiker Anstoß nahm. Wenn man akzeptiert, dass die nicht an der Szene beteiligten Personen dem Spiel zuschauen, warum sollen sie dann nicht auch pantomisch reagieren dürfen?

Wendla und Melchior – eine Liebesgeschichte?

Die Heubodenszene – so oder so?

© Wilfried Hösl

Christiane Roßbach als Wendla
Hans-Werner Meyer als Melchior
in der Inszenierung des Münchner Cuvilliés-Theaters 1992

▶ **1** Welcher Textstelle würden Sie dieses Szenenfoto zuordnen?

▶ **2** Das Foto konzentriert sich ganz auf die Position und Körpersprache der Darstellerin und des Darstellers. Wie wirkt diese Aussage auf Sie?

▶ **3** Nehmen wir einmal an, Sie könnten dem Regisseur Fragen zu dieser Inszenierung stellen.
Was interessiert Sie?

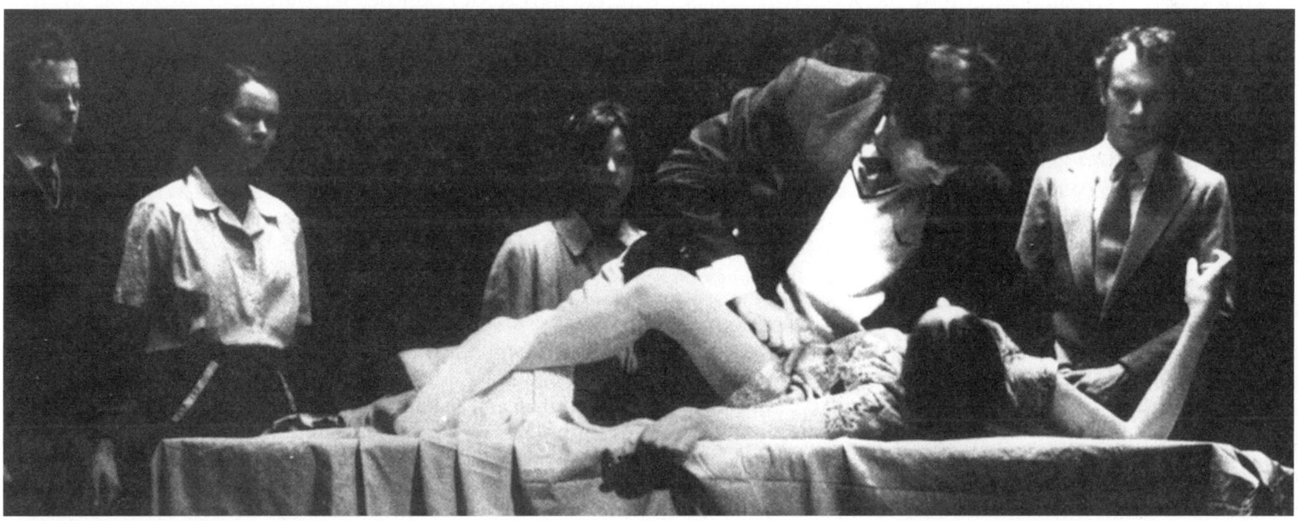

Foto: Manfred Zentsch

Andrea Schöning als Wendla und Hans Schenker als Melchior in der Inszenierung des Theaters Heidelberg 1982
Regie: David Mouchtar-Samorai

Die Szene spielt hier nicht auf dem Heuboden, sondern in einem Wohnzimmer.
Über diese Inszenierung urteilte ein Kritiker:

Peter von Becker ***„Frühlings Erwachen" in Heidelberg***

Auf Erich Fischers nur mit wenigen Requisiten bestückter Bühne werden alle Szenen von den jeweils gerade nicht eingreifenden Mitspielern des Ensembles beobachtet. So deutet sich die ironisierende Theatralik des Dramas an und auch der Außendruck auf die Figuren könnte darin nochmals zu erkennen sein. Statt nun vor den ungerührten Voyeuren die Beischlafszene Wendlas und Melchiors auf dem Höhepunkt der Schmerzlust, des Lustschmerzes der Kinder (oder was immer Wedekinds kräftig interpunktierter Deflorationsdialog beschreibt) hart abzublenden, statt das gefundene Tableau also klar und kalt in der letzten Grelle zu halten, lässt Mouchtar-Samorai nun von den Umstehenden noch eine alberne Tuscheltuschelpantomime aufführen, Nasen rümpfen, Brillen und Lorgnons rücken, dozierende Gesten – was bleibt, ist der schale Scherz.

Theater heute 3/1982, S. 44f.

▶ **4** Eine ungewöhnliche Inszenierungs-Entscheidung: Wie urteilt der Kritiker und wie denken Sie darüber?

Umstände eines Selbstmords

Der Selbstmord eines Schülers ist ein Ereignis, über das damals wie heute die Presse nicht hinweggeht. Die Schreibaufgaben auf der Kopiervorlage orientieren sich entsprechend an Formen der journalistischen Berichterstattung mit dem Ziel die Frage, warum Moritz Stiefel den Weg in den Freitod wählt, genauer zu klären.

▶ **1** „Zu einem tragischen Selbstmord kam es gestern in den frühen Abendstunden in X. Moritz Stiefel, Schüler des Gymnasiums, hat sich erschossen. Seine Leiche wurde heute Morgen unweit des Flusses von einem Mädchen entdeckt. Merkwürdigerweise fehlte die Tatwaffe, sie wurde offenbar entwendet. Noch liegen die genaueren Umstände dieser Tat im Dunkeln, aber wie man hört, sollen Schwierigkeiten in der Schule und eine drohende Nichtversetzung zu diesem schlimmen Entschluss geführt haben.“

▶ **2**
- Wer hat Moritz Stiefel näher gekannt? Mit wem war er befreundet?
- Hat er seine Absicht, sich umzubringen, mitgeteilt, angedeutet oder nicht?
- Wie war der Leistungsstand in der Schule?
- Was sagen die Eltern über ihren Sohn?
- Von Moritz' Vater, dem Rentier Stiefel, ist nicht viel zu erfahren.
  Wie die Begräbnisszene zeigt, fehlt ihm jegliches Verständnis für den eigenen Sohn.
- Auch für die Lehrer, die ihn unterrichtet haben, ist der „Fall“ rasch erledigt.
  Der Gedanke, dass sie eine Mitverantwortung tragen, ist ihnen fremd.
- Frau Gabor weiß dagegen mehr. Sie weiß von den Schwierigkeiten in der Schule, sie weiß aber auch von Moritz' Plänen die Schule und das Land zu verlassen.
- Ilse, die Moritz zuletzt gesehen und gesprochen hat, ist eine wichtige Zeugin. Das Mädchen hat allerdings einen schlechten Ruf. Wie glaubwürdig ist das, was sie sagt? Sie will, kurz nachdem sie sich von Moritz trennte, noch einen lauten Knall gehört haben, aber erst am nächsten Morgen habe sie die Leiche entdeckt. Sie habe dann gleich die Polizei gerufen. Ob Moritz eine Waffe in der Hand gehabt habe, wisse sie nicht.
- Und Melchior? Welche Rolle er in den letzten Tagen vor dem Tod seines Freundes spielte, lässt das Stück offen. Wie andere Klassenkameraden auch hat er von Moritz' Absicht, sich nach einer Nichtversetzung zu erschießen, gehört, aber hat er sie auch ernst genommen?

▶ **3** „Wie von Menschen, die Moritz Stiefel gut kannten, zu erfahren ist, waren es letztlich die Schwierigkeiten in der Schule, die die verhängnisvolle Entscheidung zum Selbstmord herbeiführten. Die Gewissheit, nicht versetzt zu werden, die Angst, die Erwartungen der Eltern zu enttäuschen, ein mangelndes Selbstvertrauen, all das mag eine Rolle gespielt haben. Bestürzt und betroffen reagierte auch die Leitung des Gymnasiums auf den Vorfall. Allerdings zeigten, so der Rektor, ähnliche Fälle auch an anderen Schulen des Landes, dass den Jugendlichen gerade in den Jahren der Pubertät die sittliche Reife noch fehle ihr Leben selbstverantwortlich zu gestalten. Im Falle des Moritz Stiefel habe ein gleichaltriger Freund und Klassenkamerad überdies eine verhängnisvolle Rolle gespielt. Man habe sich daher veranlasst gesehen diesen Schüler von der Schule zu verweisen.“

▶ **4** „Das Beispiel dieses jungen Mannes lässt einmal mehr erkennen, wie rasch die Anforderungen unserer öffentlichen Schulen zur Überforderung werden. Der junge Moritz Stiefel ist kein Einzelfall. Warum haben weder Eltern noch Freunde noch Lehrer diese Gefährdung erkannt und rechtzeitig reagiert? Wie muss Schule verändert werden, damit sich solche Fälle nicht mehr wiederholen?“

Umstände eines Selbstmords

LOKALES

Rätselhafter Mord!

Zu einem tragischen Selbstmord kam es gestern in den frühen Abendstunden in ______________ . Moritz Stiefel ...

Noch liegen die genaueren Umstände dieser Tat im Dunkeln, aber wie man hört, ...

Die Ereignisse um Moritz Stiefel, die zu seinem Selbstmord führen, bilden den zweiten wichtigen Handlungsstrang in dieser *Kindertragödie*.

An der Schule gescheitert?

Wie bereits berichtet hat ein erst vierzehnjähriger Schüler in ______________ seinem Leben ein Ende gesetzt. Inzwischen werden die Umstände, die zu dieser schrecklichen Tat führten, deutlicher. Wie von Menschen, die Moritz Stiefel gut kannten, zu erfahren ist, ...

Volkmar Döring

▶ **1** Stellen Sie sich vor: Am Tag nach dem Selbstmord erscheint eine kurze Mitteilung in der lokalen Presse.
Ergänzen Sie den Text auf der oberen Zeitungsseite im Sinne einer solchen ersten Pressemeldung.

▶ **2** Nach dem ersten Bericht entscheidet die Redaktion, vor Ort genauer zu recherchieren.
Stellen Sie sich vor, ein Reporter befragt die, die Moritz Stiefel gut kannten. Was alles könnte er erfahren?
Entscheiden Sie sich für eine Figur (z. B. Melchior, Ilse, Frau Gabor oder eine andere Person aus dem Umfeld) und skizzieren Sie den Verlauf eines Interviews.
Welche Fragen stellt der Reporter? Was will er wissen?
Welche Auskünfte kann die Person, für die Sie sich entschieden haben, geben?

▶ **3** Einige Tage später erscheint in der Zeitung ein weiterer Bericht zum Tod von Moritz Stiefel.
Ergänzen Sie den Text auf der unteren Zeitungsseite so, dass ein genaueres Bild über die Umstände, die zu Moritz' Selbstmord führten, entsteht.

▶ **4** Der Journalist beschließt seinen Bericht mit einer allgemeinen Mahnung:

Das Beispiel dieses jungen Mannes lässt einmal mehr erkennen, wie ______________________________

____

____

„Sie haben sich ruhig zu verhalten!“

Moritz Stiefel und seine Klassenkameraden

▶ **1**

Szene I,2

Moritz beklagt den Stumpfsinn schulischen Lernens. Nur der Druck der Eltern hindert ihn daran, der Schule den Rücken zu kehren.

Szene I,4

Moritz verschafft sich Zugang zum Lehrerzimmer und erfährt aus den Akten, dass er und Ernst Röbel probeweise versetzt sind. In seiner Begeisterung darüber nimmt er sich vor, jetzt umso mehr zu lernen. Bei einer Nichtversetzung, so gesteht er seinen Klassenkameraden, hätte er sich erschossen.

Szene II,1

Moritz glaubt immer noch fest die endgültige Versetzung zu erreichen. Er arbeitet bis tief in die Nacht und nimmt in Kauf, dass seine Gesundheit darunter leidet.

Szene II,7

Moritz hat offenbar gerade erfahren, dass er die Versetzung nicht geschafft hat. Er resigniert und sein Entschluss zum Selbstmord steht fest.

▶ **2** „Zentralamerika! – Ludwig der Fünfzehnte! – Sechzig Verse Homer! – Sieben Gleichungen!“, dazu noch ein „lateinischer Aufsatz“ – soweit die Hausaufgaben, die (wie die Szene I,2 zeigt) die Schüler über ein Wochenende zu erledigen haben. Damit sind die wichtigsten Unterrichtsfächer schon benannt: Geografie, Geschichte, dann vor allem die alten Sprachen Griechisch und Latein und Mathematik. Über andere Fächer erfährt man wenig oder gar nichts. Offenbar wird auch Goethes *Faust* gelesen. In den alten Sprachen geht es entweder um die Grammatik (z. B. die Konjugation der griechischen Verben) oder um Autoren und ihre Werke (Homer und Vergil werden genannt). Die Schüler erfahren diese Unterrichtsangebote vor allem als Lernfächer. Moritz bringt es auf den Punkt: „Um mit Erfolg büffeln zu können, muß ich stumpfsinnig wie ein Ochse sein.“ (SBB, S. $16_{30\,f.}$) Ein Nachdenken über Sinn und Zeck dieses Lernens findet nicht statt, Fragen und Themen, die das Interesse der Jugendlichen bestimmen, kommen gar nicht erst vor.

▶ **3** Klassenbänke für bis zu sechzig Schüler, vorn das frontal und erhöht stehende Lehrerpult, die „Eselsbank“ für die schlechtesten Schüler – in solchen Klassenzimmern erfahren die Schüler Schule als Ort von Drill und Anpassung.
Die Rolle des Lehrers: Er doziert oder fragt ab, er benotet oder bestraft.
Die Schüler: Sie sitzen still und passen auf oder sie bekommen die Strenge des Lehrers zu spüren. Nachsitzen ist noch eine der harmloseren Strafen.
Das unterrichtende Lehrerkollegium setzt sich im Jungengymnasium ausschließlich aus Männern zusammen. Sie haben ihre Gewohnheiten und bekommen dafür von den Schülern ihre Spitznamen. Das Lehrerkollegium steht unter dem Druck der Kultusbürokratie und gibt diesen Druck nach unten an die Schüler weiter.

▶ **4** Für Moritz Stiefel ist Melchior:
- der Freund, dem gegenüber er sich mit seinen Nöten und Fragen anvertraut,
- der Informant, der ihn mit seiner Schrift über den Beischlaf sexuell aufklärt,
- der Klassenkamerad, der ihm vor allem bei den Hausaufgaben hilft.

Auffällig an dieser Beziehung bleibt jedoch, dass Melchior sich über die Selbstmordabsichten seines Freundes keinerlei Sorgen zu machen scheint.

▶ **5** Hänschen Rilow ist zwar Nebenfigur, aber in zwei gewichtigen Szenen (II,3 und III,6) gibt er Einblicke in jugendliches Sexualverhalten einer Zeit, in der alles Sexuelle tabuisiert ist. Zwanghaftes Onanieren verschafft ihm einerseits Erleichterung, andererseits die Angst vor gesundheitlichen Gefahren sowie ein schlechtes Gewissen. Zur Stimulation dienen ihm Reproduktionen weiblicher Aktmalerei. Auch er hat „eine musterhafte Erziehung genossen“ (S. 42_{14}), auch er spielt mit seinem literarischen Wissen, das er mühelos abrufen und auf die eigenen Bedürfnisse und Handlungen beziehen kann. Die homoerotische Beziehung zu seinem Freund Ernst, wie sie in der vorletzten Szene demonstriert wird, zeigt eine weitere Variante jugendlichen Sexualverhaltens.

Moritz Stiefel und seine Klassenkameraden

▶ 1 Zwischen Hoffen und Bangen: Untersuchen Sie, wie Moritz Stiefel mit den Leistungsanforderungen der Schule umgeht. Halten Sie Ihre Beobachtungen stichwortartig fest:

Szene I,2

Szene I,4

Szene II,1

Szene II,7

▶ 2 Fächer, Themen, Hausaufgaben: Was kann man in dieser Hinsicht über die Anforderungen eines Jungengymnasiums gegen Ende des 19. Jahrhunderts erkennen?

▶ 3 Auch über die Schule als Institution (Klassenstärke, Unterrichtsstil, Lehrerkollegium etc.) in dieser Zeit gibt Wedekinds *Kindertragödie* manchen Aufschluss. Halten Sie fest, was Ihnen wichtig erscheint:

▶ 4 Moritz Stiefel und Melchior Gabor: Welche Bedeutung hat diese Beziehung für Moritz?

Für Moritz Stiefel ist Melchior

▶ 5 Unter den übrigen Mitschülern spielt Hänschen Rilow eine besondere Rolle.
Vergleichen Sie diese Figur mit Moritz Stiefel einerseits und mit Melchior Gabor andererseits.

Karikatur und Satire: die Lehrerzimmerszene

▶ **1** Das Szenenfoto dient zwar als Blickfang, dennoch sollte zunächst am Text überprüft werden, welche Mittel der Satire Wedekind einsetzt. Die Personen karikieren sich selbst. Rektor Sonnenstich entlarvt sich durch seine kompliziert-gekünstelte Rede- und Denkweise als Amtsträger, dem es letztlich nur um den Ruf seiner Schule geht. Der Vorwurf, Melchior habe mit seiner Aufklärungsschrift seinen Freund in den Selbstmord getrieben, ist zwar absurd, aber da niemand widerspricht und der Beklagte sich nicht verteidigen darf, nimmt die Prozedur ihren Lauf. Das Kollegium wirkt vertrottelt, der Vorgang der Relegation eines ihrer besten Schüler scheint niemanden zu interessieren, stattdessen streitet man darüber, ob ein Fenster geöffnet wird oder nicht. Auf diese Weise wird die Konferenz zum absurden Theater.
Wedekinds Schulsatire ist in ihrer Aussage eindeutig. Das humanistische Gymnasium wird seiner Erziehungsaufgabe und seiner Verantwortung gegenüber den Jugendlichen nicht gerecht. Die Porträts von Pestalozzi und Rousseau hängen zwar im Lehrerzimmer an der Wand, aber der mit diesen Namen verbundene reformpädagogische Geist bestimmt weder Denken noch Handeln der Lehrer. Insofern ist die Diskussion über frische Luft und die richtige Atmosphäre doppeldeutig, ohne dass die Beteiligten dies allerdings erkennen.

▶ **2/3** Jacobsohn macht aus seiner Meinung keinen Hehl: Die Szene im Lehrerzimmer ist in seinen Augen künstlerisch misslungen. Zu krass, zu dick aufgetragen, um noch glaubwürdig zu wirken, zu umständlich, langatmig und gleichförmig und ohne Witz stehe sie im Widerspruch zu jenem Andeutungsstil, wie Wedekind ihn meisterhaft in den ersten beiden Akten des Stückes praktiziere. Als Beispiel verweist er auf den Schluss der Szene I,4, die beiden Sätze, die die vorübergehenden Professoren austauschen und die als „kontrastierender Farbenfleck“ die Widersprüche zwischen der Welt der Jugendlichen und der ihrer Lehrer sehr viel wirkungsvoller zum Ausdruck brächten.
Ob man die Kritik Jacobsohns teilt oder nicht, hängt wohl stark davon ab, wie weit man der Satire im Sinne Tucholskys das Recht zuerkennt zu übertreiben. Wedekinds Kritik gilt nicht nur einzelnen Lehrern oder einem Schulleiter, sondern dem ganzen Berufsstand und der Institution Schule. Das Bild, das so entsteht, wird der Schule und ihren Lehrern, wie Wedekind selbst sie kannte, sicher nicht gerecht. Aber, so kann man im Sinne Tucholskys sagen, so ist halt Satire.
Eine andere Frage ist es, ob man die Lehrerzimmerszene heute noch so, wie von Wedekind entworfen, inszenieren kann. Wenn man sie streicht, geht die Selbstdarstellung der Schule als Institution verloren. Die Kritik der Jugendlichen an der Schule und ihrem Leistungsdruck könnte dann leicht als eine Haltung missverstanden werden, die Jugendliche immer schon und heute sicher auch noch gegenüber ihrer Schule zum Ausdruck brachten und bringen.

▶ **4** Ein Blick auf das Szenenfoto zeigt, wie man die Lehrerzimmerszene inszenieren kann, ohne Wedekinds Regieanweisungen, die in diesem Fall ungewöhnlich ausführlich sind, einfach umzusetzen. Der Bühnenbau betont einmal den gesellschaftlichen Abstand zwischen dem Pedell und dem Kollegium, dann aber die Wirkung des Vorgangs auf Melchior, der unter der Last des gegen ihn Vorgetragenen zusammenbricht.

Karikatur und Satire: die Lehrerzimmerszene

© Wilfried Hösl

Hans-Werner Meyer und Ensemble in der Inszenierung des Münchner Cuvilliés-Theaters 1992

> Übertreibt die Satire? Die Satire muß übertreiben und ist ihrem tiefsten Wesen nach ungerecht. Sie bläst die Wahrheit auf, damit sie deutlicher wird.
>
> *Kurt Tucholsky: Was darf Satire? (1919)*

▶ **1** Zeigen Sie, welche Formen der Übertreibung Wedekind in dieser Szene einsetzt und welche „Wahrheit“ auf diese Weise verdeutlicht werden soll.

Die Frage, ob bzw. wie eine solche Form der Satire zum übrigen Stück passt, stellt sich natürlich auch in einer Inszenierung. Siegried Jacobsohn, der die Berliner Uraufführung, insbesondere die ersten beiden Akte, mit viel Lob bedachte, stellte dazu fest:

> Nach zwei Akten aber vertraut Wedekind der Kraft seiner andeutenden Charakteristik und der Bereitwilligkeit unserer ausführenden Fantasie nicht länger. Gegen die Welt der gährenden Säfte erhebt sich die Welt der vertrockneten Säfte. Ein kontrastierender Farbenfleck hätte genügt. Im ersten Akt gehen an den lärmenden Knaben zwei Professoren vorüber. Sie sprechen zwei Sätze und ein Abgrund tut sich auf. Wir wissen Bescheid. Im dritten Akt muss nun zum Überfluss eine ganze Lehrerkonferenz auf die Bühne. Gleichgültig, ob die verschiedenen Typen naturwahr oder fratzenhaft wirken sollen. Schlimm ist, dass alle mit der gleichen Liebe oder dem gleichen Hass ausgeführt sind und mit der gleichen Umständlichkeit alle ihre Lächerlichkeiten an den Mann bringen dürfen; noch schlimmer ist, dass dieses Spiel in demselben Tempo mit denselben Typen und derselben Witzlosigkeit auch am Grabe Moritz Stiefels fortgesetzt wird. […] Jene beide Szenen müssen fallen, müssen durch eine von den Andeutungen ersetzt werden, in denen sich Wedekind gerade durch dieses Drama als Meister erwiesen hat.
>
> *Die Schaubühne 2/1906, S. 526 ff.*

▶ **2** Teilen Sie diese kritische Beurteilung der Lehrerzimmerszene oder sehen Sie das anders?
Begründen Sie Ihre Meinung.

▶ **3** Der Kritiker nennt als Beispiel für einen gelungenen Andeutungsstil den Schluss der Szene I,4.
Sollte man demnach die Szene III,1 in einer Inszenierung einfach streichen?

▶ **4** Zeigen Sie, wie in der Inszenierung des Münchner Cuvilliés-Theaters durch Bühnenbau und Anordnung der Personen die satirischen Elemente der Szene zum Ausdruck kommen.

Ein Autor erinnert sich

Stefan Zweig erinnert sich an die eigene Schulzeit in Wien. 1881 geboren kam er mit sechs Jahren in die Volksschule, ab 1892 besuchte er das Wiener Maximilian-Gymnasium. Nach dem Abitur begann er 1900 mit dem Studium an der Universität Wien (Philosophie und Literaturwissenschaft). Seine Lebenserinnerungen unter dem Titel *Die Welt von gestern* erschienen erstmals 1944 in einem Stockholmer Verlag, zwei Jahre nach dem Freitod des Verfassers. Die hier gewählten Auszüge stammen aus dem 2. Kapitel mit der Überschrift: *Die Schule im vorigen Jahrhundert.* Allerdings macht die Lektüre dieses Kapitels rasch klar, dass die eigentliche Schule für den jungen Stefan Zweig nicht die Schule war, sondern vielmehr Wien, die damalige Hauptstadt der Habsburger Donaumornarchie, eine der kulturell führenden Metropolen Europas. Ob Theater oder Konzert oder die in Caféhäusern leicht zugängliche internationale Presse – hier und nicht in der Schule findet der Gymnasiast die Herausforderungen und Anregungen, die er für seine geistige Bildung braucht.

In dieser kritischen Einschätzung der Schule stimmen Zweig und Wedekind überein. Beide Söhne aus großbürgerlicher Familie, ist ihnen der Besuch des Gymnasiums vorgezeichnet. Allerdings: Lenzburg, wohin die Familie Wedekind 1872 übersiedelt, ist eine Kleinstadt, das durch eine Fahrt mit der Eisenbahn erreichbare Aargau, wo der junge Frank Wedekind als Gymnasiast die Schule besucht, ebenfalls. Das kulturelle Umfeld ist also sehr viel bescheidener. Die private Lektüre spielt unter diesen Umständen eine besondere Rolle. Ähnlich wie Stefan Zweig liest auch Wedekind ungeheuer viel, noch früher als dieser beginnt er zu schreiben, vornehmlich Gedichte, und so verläuft der Prozess der geistigen Bildung weitgehend unabhängig von der Schule.

▶ **1** Kritisiert werden bei Zweig wie bei Wedekind die stofflichen Anforderungen der Lehrfächer, die ständigen Hausaufgaben, die Druck und Überdruss erzeugen, die Monotonie des schulischen Lehrbetriebs, der sich in Wissensvermittlung und Wissensüberprüfung erschöpft, schließlich die fehlende pädagogische Haltung der Lehrpersonen, die als „Schulmeister" zum Gegenpol von Jugend und Leben werden.

In seiner Rückschau sieht Zweig die Unzulänglichkeiten der Schule im Zusammenhang mit der Überalterung der Donaumonarchie, die kurz vor ihrem Zusammenbruch sich in ihrem politisch-gesellschaftlichen System einnistet und für die jedes jugendliche Aufbegehren gegen überkommene Strukturen verdächtig ist.

▶ **2** Die wichtigsten Daten zur Schulzeit Wedekinds finden sich in der Zeittafel (SBB, S. 89). Wichtige Ergänzungen liefert Rolf Kieser in seiner Biografie des jungen Wedekind (vgl. Literaturhinweise, S. 48). Die Darstellung auf einer Wandtafel könnte demnach so aussehen:

Tafelbild

1872/73	Besuch der Elementarschule in Lenzburg (zuvor Besuch der Elementarschule in Hannover bis zur 3. Klasse)
1873/74	Wechsel in die 2. Klasse der Lenzburger Bezirksschule Eintritt in das lenzburgische Kadettenkorps
ab 1879	Besuch der Kantonsschule in Aargau (tägliche Anreise mit der Eisenbahn) Abitur (Prüfung in den Fächern deutsche Sprache und Literatur, Latein, Griechisch, Französisch, Mathematik, Geschichte, Naturgeschichte, Physik, Chemie und Hebräisch)

„Sie haben sich ruhig zu verhalten!"

Ein Autor erinnert sich

Nachlass Friederike Zweig, Stamford, Ct., USA

Stefan Zweig (1881–1942) als Student 1901

Stefan Zweig ***Schule im vorigen Jahrhundert***

Fünf Jahre Volksschule und acht Jahre Gymnasium mussten auf hölzerner Bank durchgesessen werden, täglich fünf bis sechs Stunden und in der freien Zeit die Schulaufgaben bewältigt und überdies noch, was die „allgemeine Bildung" forderte neben der Schule: Französisch, Englisch, Italienisch, die „lebendigen" Sprachen neben den klassischen Griechisch und Latein – also fünf Sprachen zu Geometrie und Physik und den übrigen Schulgegenständen. Es war mehr als zu viel und ließ für körperliche Entwicklung, für Sport und Spaziergänge fast keinen Raum und vor allem nicht für Frohsinn und Vergnügen.

[...]

Nicht, dass unsere österreichischen Schulen an sich schlecht gewesen wären. Im Gegenteil, der so genannte „Lehrplan" war nach hundertjähriger Erfahrung sorgsam ausgearbeitet und hätte, wenn anregend übermittelt, eine fruchtbare und ziemlich universale Bildung fundieren können. Aber eben durch die akkurate Planhaftigkeit und ihre trockene Schematisierung wurden unsere Schulstunden grauenhaft dürr und unlebendig, ein kalter Lernapparat, der sich nie an dem Individuum regulierte und nur wie ein Automat mit den Ziffern „gut, genügend, ungenügend" aufzeigte, wie weit man den „Anforderungen" des Lehrplans entsprochen hatte. Gerade aber diese menschliche Lieblosigkeit, diese nüchterne Unpersönlichkeit und das Kasernenhafte des Umgangs war es, was uns unbewusst erbitterte. Wir hatten unser Pensum zu lernen und wurden geprüft, was wir gelernt hatten. [...]

Österreich war ein alter Staat, von einem greisen Kaiser beherrscht, von alten Ministern regiert, ein Staat, der ohne Ambition einzig hoffte sich durch Abwehr aller radikalen Veränderungen im europäischen Raume unversehrt zu erhalten; junge Menschen, die ja aus Instinkt immer schnelle und radikale Veränderungen wollen, galten deshalb als ein bedenkliches Element, das möglichst lange ausgeschaltet oder niedergehalten werden musste. So hatte man keinen Anlass uns die Schuljahre angenehm zu machen. [...]

Wir sollten vor allem erzogen werden überall das Bestehende als das Vollkommene zu respektieren, die Meinung des Lehrers als unfehlbar, das Wort des Vaters als unwidersprechlich, die Einrichtungen des Staates als die absolut und in alle Ewigkeit gültigen. Ein zweiter kardinaler Grundsatz jener Pädagogik, den man auch innerhalb der Familie handhabte, ging dahin, dass junge Leute es nicht zu bequem haben sollten. Ehe man ihnen irgendwelche Rechte zubilligte, sollten sie lernen, dass sie Pflichten hatten und vor allem die Pflicht vollkommener Fügsamkeit. [...] An allen Stellen übte man diese Technik, im Hause, in der Schule und im Staate. Man wurde nicht müde dem jungen Menschen einzuschärfen, dass er noch nicht „reif" sei, dass er nichts verstünde, dass er einzig gläubig zuzuhören habe, nie aber selbst mitsprechen oder gar widersprechen dürfe. Aus diesem Grunde sollte auch in der Schule der arme Teufel von Lehrer, der oben am Katheder saß, ein unnahbarer Ölgötze bleiben und unser ganzes Fühlen und Trachten auf den „Lehrplan" beschränken.

Die Welt von gestern.© Bermann-Fischer Verlag A. B., Stockholm 1944

▶ **1** Untersuchen Sie Zweigs Erinnerungen an die damalige Schulzeit.
Welche Parallelen sehen Sie zur Darstellung der Schule in *Frühlings Erwachen*?

▶ **2** Wedekinds eigene Schulzeit und die Beziehung zu seinem Vater:
Gestalten Sie ein Wandplakat mit wichtigen Informationen zu diesem Thema.
Ziehen Sie dazu die Zeittafel über den Lebenslauf des Autors (SBB, S. 89) hinzu.
Prüfen Sie die Frage, ob und in welcher Weise Wedekind in seiner *Kindertragödie* eigene Bildungserlebnisse verarbeitet.

Wer ist der „Vermummte Herr“?

Wedekind lässt in der letzten Szene den „Vermummten Herrn“ wie einen „Deus ex machina“ auftreten, der in der antiken Tragödie in der Gestalt eines Gottes oder einer Göttin immer dann in das Geschehen eingriff, wenn sich der dargestellte Konflikt anders nicht mehr lösen ließ. Ist Vergleichbares auch hier der Fall? Kann Melchior die Entscheidung zwischen Leben und Tod allein nicht treffen, braucht er in dieser Frage die Hilfe eines Unbekannten? Oder spielt Wedekind hier lediglich mit einer überlieferten dramaturgischen Lösung? Warum dann aber ausgerechnet ein „Vermummter Herr“?

▶ **1/2** Zunächst geht es darum, die beiden Begriffe „Herr“ und „vermummt“ assoziativ auf ihre Bedeutung zu hinterfragen. Herr – der ältere, reifere, gut situierte Bürger, ein Mann, der etwas darstellt, der etwas gilt in der Gesellschaft, der Macht und Ansehen besitzt und diese Macht auch bei Bedarf anwenden bzw. ausüben kann. Vermummt erinnert an Mummenschanz, an karnevalistisches Treiben, an Maske und Sich-Verhüllen, dabei dient die Maske als Schutz für ein Verhalten, das nur zu einer bestimmten Zeit (Karneval) oder an einem bestimmten Ort (Maskenball) erlaubt ist. Der „Vermummte Herr“ hat also sowohl etwas Gutbürgerliches an sich als auch etwas Antibürgerliches. Wedekind hat diese Rolle gern selbst gespielt und er sah sich selbst wohl auch in dieser Doppelrolle als Bürgerschreck in der Rolle des Bürgers.

▶ **3** Heribert Kuhn hebt drei Aspekte zur Deutung des „Vermummten Herrn“ hervor. Es ist in seinen Augen **a)** eine besonders populäre Figur, **b)** eine Figur, die zwischen der Märchenfigur der kopflosen Königin und Melchiors „Kopflosigkeit“ einen deutlichen Bezug herstellt, und schließlich **c)** „Rätselfigur“ der Frage, wie das Lebendige der Jugend in die Erwachsenenwelt „hinübergerettet werden kann“.

a) Zur Popularität dieser Rolle mag beigetragen haben, dass Wedekind selbst sie gern, wenngleich nicht besonders professionel spielte. Andererseits hat gerade das Rätselhafte dieser Figur zu dieser Wirkung beigetragen.

b) Der schönen, aber kopflosen Königin fehlt gerade das, was zum Leben gehört: Sie kann nicht essen, nicht trinken, nicht lachen und nicht küssen. Ihre Schönheit ist mithin ohne Leben. Der Prinz hat zwar zwei Köpfe, aber die liegen sich ständig „in den Haaren“ und lähmen sich gegenseitig. Die Lösung des Märchens ist klar: Das glückliche Paar bringt die unterschiedlichen Kräfte zusammen, man heiratet und genießt fortan die Freuden des Lebens. Der Bezug des Märchens zum Schluss des Dramas ist damit unverkennbar: Während Melchior den Schritt ins Leben nicht schafft und am Ende kopflos ins Reich der Toten verwiesen wird, wird Moritz in letzter Minute vom „Vermummten Herrn“ auf den rechten Weg ins Leben gebracht.

c) Wie die Intensität der Lebenserfahrung junge Menschen auszeichnet, zeigt Wedekinds Stück in vielen Szenen. Deutlich wird aber auch, wie den Erwachsenen gerade diese Erlebnisfähigkeit abhanden gekommen ist und wie sie als Amtsträger und Amtspersonen zu Karikaturen erstarren. Deshalb kann der Weg in die Erwachsenenwelt für Melchior nicht darin liegen, dass er seine Wünsche und Bedürfnisse nach echtem Leben unterdrückt und sich an die Normen der Gesellschaft einfach anpasst. Wie dieses Leben jedoch konkret aussehen kann und wie Moritz den Versprechungen des Vermummten Herrn gemäß das Leben kennen lernen und bewältigen wird, lässt Wedekinds *Kindertragödie* offen.

Eine kritische Auseinandersetzung mit den Überlegungen Heribert Kuhns könnte zunächst bei der These von der Popularität der Figur des „Vermummten Herrn“ ansetzen. Mit dem Bekanntheitsgrad anderer Dramenfiguren (Gretchen, Faust und Mephisto, Romeo und Julia ...) wird man die Popularität des „Vermummten Herrn“ sicher nicht vergleichen wollen. Andererseits bezieht Kuhn diese These lediglich auf Wedekinds Stück und die dort auftretenden Figuren und da ist die Bewertung durchaus nachvollziehbar. Was die übrigen Überlegungen des Autors betrifft, so eröffnen sie plausible Interpretationsmöglichkeiten, die der Figur des „Vermummten Herrn“ gerecht werden.

Wer ist der „Vermummte Herr“?

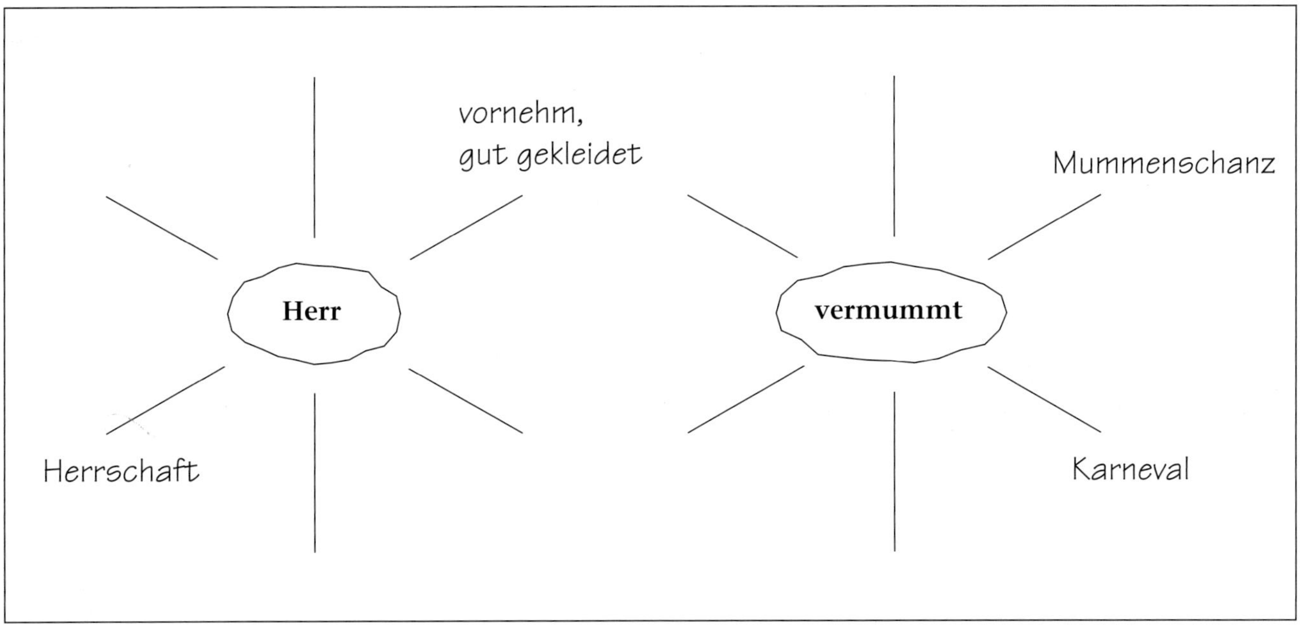

▶ **1** Welche Vorstellungen verbinden Sie mit „Vermummter Herr“? Ergänzen Sie das Schema.

▶ **2** Fassen Sie nun Ihre Überlegungen zusammen:

Der „Vermummte Herr“ ist zunächst ein „Herr“, d. h. ______________________

____

Dieser Herr tritt „vermummt“ auf, d. h., er ______________________

____

Heribert Kuhn ***Leben und Werk***

An Ostern 1891 schließt Wedekind das Stück ab, mit dem sein Name spätestens seit der Berliner Aufführung im Jahr 1906 verbunden bleiben wird: Die so genannte *Kindertragödie Frühlings Erwachen*. Die populärste Figur des Dramas, dessen Erstausgabe ebenfalls schon 1891 erscheint, ist paradoxerweise eine Nebenfigur: der „Vermummte Herr“, welcher am Ende des Stücks Melchior Gabor den Weg ins Leben weist. Der Text des Stückes stellt Bezüge her zwischen der „kopflosen Königin“, die eine geheimnisvolle Märchengestalt ist, dem unglücklichen Moritz Stiefel und dem „Vermummten Herrn“, dessen Kopf zum Teil verhüllt oder maskiert ist. Auch Moritz verliert in übertragener und direkter Weise den Kopf, als er seinem Leben nicht mehr anders Herr wird, als sich den Kopf von den Schultern zu schießen. Den Kopf zu behalten oder zu verlieren ist die bildliche Phrase, welche sich durch seine Reden zieht. Obwohl das Leben über Moritz hinweggeht, weil er es nicht festzuhalten versteht, ist er ihm für die kurze Zeit unmittelbar vor seinem Tod am nächsten: In der Szene am Fluss vermischen sich in seinen wirren Reden Ekstatisches und Todesmotive ununterscheidbar. Der am Schluss auftretende „Vermummte Herr“ hat in seinem Aufzug an dieser „Kopflosigkeit“ teil, er weist aber Moritz, das Gespenst, ins Grab zurück und wendet sich Melchior zu, um ihm den Weg ins Leben zu weisen. Der unbestimmte Zustand, in dem sich die Jugendlichen in *Frühlings Erwachen* befinden, findet in der Gestalt des „vermummten“, die Zukunft verheißenden Herrn ein Gegenüber: Rätselfigur auch der Frage, wie der „schwebende“ Balancezustand in die folgenden Lebensalter hinübergerettet werden kann. Denn dass die Pubertät in Wedekinds Stück nicht nur als Phase der Qual, sondern auch als ein Zustand intensiver Lebenserfahrung und „poetischer“ Erlebnisfähigkeit gezeigt wird, geht aus verschiedenen Szenen hervor, die poetische Kraft haben und im besten Sinn „sentimental“ sind.

CD-ROM, S. 166

▶ **3** Untersuchen Sie, wie Kuhn die Rolle des „Vermummten Herrn“ deutet, und nehmen Sie kritisch Stellung.

Melchior zwischen Leben und Tod

▶ **1** Melchiors Monolog kreist um drei Gedanken:
- seine eigene Situation, nachdem er kurz zuvor aus der Besserungsanstalt geflohen ist,
- die Suche nach Wendlas Grab und die Frage der Mitverantwortung an ihrem Tod,
- die Frage, ob er weiterleben kann oder nicht.

Melchiors innere Verfassung ist verzweifelt; er sieht sich selbst „über dem Abgrund“ hängend. Klar ist nur, dass er zum Friedhof gekommen ist um Wendlas Grab zu suchen. Wie es dann weitergehen soll, ist ihm offenbar selbst nicht klar.

▶ **2** Beim Vergleich der beiden Monologe werden einige strukturelle Parallelen deutlich. Die Szenerie ist vergleichbar: Der Abenddämmerung mit dem bewölkten Himmel dort entspricht die „helle Novembernacht“ mit dem Mondlicht und den vorbeijagenden Wolken in der Schlussszene. Die beiden Akteure haben sich auch gerade von ihren Altersgenossen getrennt und innerlich gelöst. In struktureller Hinsicht ist ebenfalls der Auftritt Ilses und der des „Vermummten Herrn“ vergleichbar, auch wenn die Verführung zum Leben nur bei Melchior Erfolg hat. In den beiden Monologen wird aber rasch deutlich, dass die innere Verfassung der beiden Sprecher sich unterscheidet. Moritz hat mit der Welt, mit der Schule abgeschlossen, sein Entschluss zum Selbstmord steht fest. Schon sieht er das Bild seiner Beerdigung vor sich und aus dem Jenseits winkt die kopflose Königin ihm zu. Auch die Einsicht, das wahre Leben noch gar nicht kennen gelernt zu haben, bringt seinen Entschluss nicht zum Wanken. Freiheit ist für ihn nicht Freiheit zum Leben, sondern die Freiheit dieses Leben hinter sich zu lassen. Das ist bei Melchior in der letzten Szene anders. Zwar blitzt der Gedanke an Selbstmord auf, aber noch ist keine Entscheidung gefallen.

▶ **3** Der Dialog zwischen Moritz und Melchior wird deutlich durch die sechsmal wiederholte Aufforderung „Gib mir die Hand!“ strukturiert. (Zum Schluss heißt es gar: „Du brauchst mir nur den kleinen Finger zu reichen.“) Doch Melchior zögert. Die drei Satzanfänge lassen sich etwa so ergänzen:
Zunächst bezweifelt er, dass es sich bei dem kopflosen Toten um den Freund handelt (SBB, S. 79_{26}).
Dann lässt er sich ausführlich schildern, wie es im Jenseits zugeht, und unterbricht die Ausführungen des Freundes nur durch kurze Zwischenfragen.
Schließlich gibt er zu erkennen, dass ihn diese Verlockungen des toten Freundes nicht wirklich überzeugen: „Wenn ich einschlage“, sagt er (S. $81_{34\,f.}$), „so geschieht es aus Selbstverachtung.“ Aber er zögert immer noch.

▶ **4** Im Gespräch mit Moritz erreicht der „Vermummte Herr“ dessen Eingeständnis, dass das Jenseits doch nicht so verlockend ist, wie er es zuvor Melchior gegenüber dargestellt hat. Er verzichtet nun darauf, den Freund zu sich zu ziehen und rät ihm gar dazu, dem Vermummten Herrn zu folgen (S. 84_{6}).
Melchior erfährt durch den „Vermummten Hern“ die genaueren Umstände, wie Wendla zu Tode kam. Dadurch werden seine Selbstvorwürfe zwar nicht hinfällig, aber doch deutlich relativiert.

Melchior zwischen Leben und Tod

▶ **1** Untersuchen Sie Melchiors Monolog zu Beginn der letzten Szene:
Welchen Aufschluss gibt er über seine innere Verfassung und seine Absichten?

▶ **2** Vergleichen Sie diesen Monolog mit dem von Moritz Stiefel in der Szene II,7 (SBB, S. 46_{13} – S. 48_{30}).
Skizzieren Sie:

Parallelen	**Unterschiede**

▶ **3** „Gib mir die Hand!“ – Moritz Stiefel versucht seinem Freund den Tod schmackhaft zu machen.
Wie reagiert Melchior?

Zunächst

Dann

Schließlich

▶ **4** Der „Vermummte Herr“ im Gespräch mit den beiden Freunden.
Untersuchen Sie den Gesprächsverlauf und halten Sie die Ergebnisse fest.

Der „Vermummte Herr“ erreicht, dass Moritz

Und schließlich erreicht er, dass Melchior

Die „Schlüsselszene“

Dass die letzte Szene für das Verständnis des ganzen Stücks eine entscheidende Bedeutung hat, ist unstrittig. Damit ist aber noch nicht geklärt, in welchem Sinne sie als „Schlüssel“ wirkt. Die Text- und Bildangebote der Kopiervorlage können genutzt werden um dieser Frage noch einmal genauer nachzugehen.

▶ **1** Als Blickfang dient das bekannte Foto des Autors in der Rolle des „Vermummten Herrn“ in einer Wiener Inszenierung aus dem Jahre 1908. Das Bild ist für heutige Betrachterinnen und Betrachter eher verwirrend. Worin besteht die Vermummung? In der Augenmaske? Oder ist das ganze Erscheinungsbild mit Gehrock, Stock und Zylinder Maskerade? Insgesamt entsteht das Bild eines würdevollen, gutbürgerlichen, älteren Herren, der die besten Jahre seines Lebens schon hinter sich hat. Und ausgerechnet dieser Herr soll in der Lage sein Melchior all das zu zeigen, „was die Welt Interessantes bietet“ (S. 83_{23})?

▶ **2** Manfred Hahn fragt in dem Vorwort zu seiner dreibändigen Ausgabe der Werke Wedekinds nach der „weltanschaulichen Haltung“, die dem Werk Wedekinds zugrunde liegt. *Frühlings Erwachen* gibt, so der Autor, diese „weltanschauliche Haltung“ insbesondere in der Schlussszene preis. Das Stück selbst stelle die natürliche Welt der Kinder und Jugendlichen der Erwachsenenwelt gegenüber:
„Die Frontstellungen sind klar bezeichnet. Die Welt der Kinder wird von ursprünglicher, ‚natürlicher‘ Menschlichkeit beherrscht, die Welt der Erwachsenen von der Praxis und Ideologie bürgerlichen Lebens. Beide sind unvereinbar, die bürgerliche Gesellschaft mordet alle Natürlichkeit, erstickt sie unter einem falschen Begriffs- und Wertungssystem gesellschaftlicher Normen.“ Doch sei die bloße Gegenüberstellung nicht „Wedekinds letztes Wort“. Die Schlussszene überschreite „die elegische Klage um einen verlorenen Kindheitstraum vom „natürlichen Leben“, aber auch die „satirische Anklage“.
An dieser Stelle setzt die auf der Kopiervorlage zitierte Textstelle ein. Allerdings lässt die Argumentation des Autors nun einige Fragen offen. Wenn die beiden im Stück gegenübergestellten Welten wirklich so unvereinbar sind wie zuvor dargelegt, fragt man sich, warum Wedekind das „Leben“ nun doch wieder „in hoch eleganter bürgerlicher Kleidung“ auftreten lässt. Und welcher Art ist jene Stärke, die Melchior im Gegensatz zu Moritz dazu befähigt, das Leben zu bewältigen?
Die Schlussszene mag man als „Schlüsselszene“ für Wedekinds *Kindertragödie* sehen, aber der Schlüssel gibt deshalb noch nicht Antwort auf alle Fragen, die sich stellen.

Die Inszenierung von Peter Zadek am Theater der Freien Hansestadt Bremen wurde in der Zeitschrift „Theater heute“ als Inszenierung des Monats besonders positiv bewertet. Das Foto auf der Kopiervorlage 1 gibt einen kleinen Einblick in die Rollenbesetzung (Vadim Glowna als Melchior und Judy Winter als Wendla) und in das Bühnenbild von Wilfried Minks (im Hintergrund das Schwarzweißfoto der englischen Filmschauspielerin Rita Tushingham).
Ungewöhnlich wie die Inszenierung wirkt auch die Wertung der Schlussszene in dieser Theaterkritik. Kein Bruch, kein „Deus ex machina“, kein „weltanschaulicher Gehalt“, der mit eigenwilliger Theatralik vermittelt wird, vielmehr Kulmination dessen, was die „poetische Größe“ des gesamten Stückes ausmacht. Der Auftritt des toten Moritz Stiefel ist ein schönes Beispiel dafür, wie wirkungsvoll Inszenierungsentscheidungen sein können. „Die schönste Freiheit der Szene tritt in Erscheinung“, urteilen die beiden Autoren. Sie tut dies nur, so könnte man hinzufügen, weil sich Regisseur und Bühnenbildner die Freiheit nehmen das Stück insgesamt und diese Szene im Besonderern so zu inszenieren.

Die „Schlüsselszene“

Wedekind als „Vermummter Herr“ (1908)

Diese Schluss-Szene ist die Schlüsselszene zu *Frühlings Erwachen*, zur weltanschaulichen Haltung, aus der heraus die Kindertragödie entsteht.
[…] Nicht zufällig wird das „Leben“ nicht als Naturwesen personifiziert, es tritt als „Vermummter Herr“ in hoch eleganter bürgerlicher Kleidung auf. Wedekind, der den „Vermummten Herrn“ selbst in Frack und Zylinder spielte, ist sachlich genug das reale Leben als das bürgerliche Leben zu kennzeichnen. Dennoch verspricht der „Vermummte Herr“, dem Wedekind sein Drama widmet, eine mannigfaltige, interessante Welt – aber nur für den, der stark genug zum Leben ist, als Lebens-Kämpfer mit dem Dasein und mit dem eigenen Zweifel fertig wird. Auf das Leben verzichten nur Lebensschwache wie Moritz. Aber: Wie „die Erwachsenen“, die „normalen“ Bürger leben? Die Szene gibt die Grundhaltung des Mannes Wedekind und seines Werkes: Es bleibt keine andere Wahl als ein Leben trotz allem. […] Wedekind ist zu sachlich um nicht die Übermacht der realen bürgerlichen Gesellschaft über solche Ideale anzuerkennen – jedoch die einzige, die gegenwärtige Bürger-Welt lässt sich erbärmlicher nicht denken. Sie bietet aber dem Trotzdem eine Chance: Sie ist ein Schlachtfeld von Egoismen. […] *Frühlings Erwachen* verkündet die Grundideen dieser Lebensauffassung Wedekinds. Sowohl die elegische Klage über den Untergang unschuldiger, reiner „natürlicher“ Menschlichkeit als auch der satirische Angriff gegen die von lebens- und wahrheitsfeindlichen Vorstellungen beherrschte bürgerliche „Erwachsenen“-Welt sind nur Aufbauelemente dieser Grundaussage. Nur die Interpretations- und Inszenierungsrichtungen von *Frühlings Erwachen*, die diese Grundtendenz ins Zentrum rücken, können beide Aufbauelemente voll ausschöpfen und einem höheren einheitlichen Blickpunkt zuordnen.

Manfred Hahn: Vorwort zu Frank Wedekind: Werke in drei Bänden, Bd. 1: Dramen 1.
© Aufbau-Verlag Berlin und Weimar 1969, S. 14 ff.

▶ **1** Zeigen Sie, in welchem Sinne der Autor die letzte Szene als „Schlüsselszene“ des Dramas versteht und setzen Sie sich mit dieser Auffassung kritisch auseinander.

Ernst Wendt/Henning Rischbieter
Der ästhetische Realismus. Zur Inszenierung der Freien Volksbühne Berlin von Peter Zadek 1965

Die poetische Größe des Stückes, auch das lehrt diese Aufführung, kulminiert in der Schlussszene. Sie öffnet den Blick aus dem pubertären Dunstkreis. Die Objektivation, die Wedekind in jeder Szene mühelos erreicht, findet hier ihre formale Krönung, indem das bloß Wahrscheinliche überstiegen wird. Dieser Vorgang lässt sich auf Minksens heller Bühne wunderbar darstellen.
Kein Friedhofsschummer, keine Grabsteine, keine faulen Bühnentricks um Moritz Stiefel mit dem Kopf unter dem Arm erscheinen zu lassen. Nur eine Luke im Bühnenboden, da erscheint Moritzens Hand und stellt einen Kopf, einer Friseurschaufensterattrappe ähnlich, auf die Bretter. Dann erscheint der ganze Moritz, nimmt den Pappkopf unter den Arm, spaziert über die Bühne, sitzt schließlich, bei den Schlussworten, hart an der Rampe, auf dem Kopf. Die schöne Freiheit der Szene tritt in Erscheinung.

Theater heute 6/1965, S. 8–11

▶ **2** Vergleichen Sie die Einschätzung der letzten Szene, wie sie in dieser Theaterkritik deutlich wird, mit der von Manfred Hahn.

Literarische Quellen
Goethes *Faust. Erster Teil*
Mephistopheles und der „Vermummte Herr"

Goethes *Faust* spielt in Wedekinds *Kindertragödie* auf unterschiedlichen Ebenen eine besondere Rolle. Für Melchior und Moritz ist, wie in Szene II,1 deutlich wird, das Drama gerade Unterrichtsstoff. Melchiors Mutter hat zwar Bedenken, ob ihr Sohn dem Anspruch dieses Werks schon gewachsen sei, doch scheint die Schule solche Bedenken nicht zu teilen. Auch Wedekind hat Goethes Drama im Unterricht kennen gelernt. In einer Schüleraufführung spielte er selbst sogar die Rolle Mephistos (vgl. dazu die Wort- und Sacherläuterungen zum Stichwort *Faust*, SBB, S. 141). Mephisto wiederum weist auffällige Ähnlichkeiten mit der Gestalt des „Vermummten Herrn" auf. Manches von dem, was er Melchior verspricht, erinnert bis in den Wortlaut hinein an die Versprechungen Mephistos gegenüber Faust. Auch zwischen Gretchen und Wendla lassen sich Parallelen finden.

Wer solche Bezüge genauer untersucht, verdeutlicht sich gleichzeitig die wesentlichen Unterschiede zwischen beiden Dramen. Das können auch Schülerinnen und Schüler, die Goethes *Faust* noch nicht kennen. Die dafür notwendigen Informationen zum Handlungsverlauf finden sie z. B. in einem Schauspielführer.

▶ **1** Wie der „Vermummte Herr" kommt auch Mephisto ungerufen und überraschend.
Auch er erscheint in einer Art Maske. Er trägt die Kleidung eines Junkers, also eines Adligen.
Und er verspricht Faust aus der Trübsal zu befreien und ihm das wahre Leben zu zeigen.
Bei diesen Parallelen darf man die wesentlichen Unterschiede nicht übersehen: Mephisto ist als Fausts Gegenspieler eine für das gesamte Drama konstitutive Figur; mit der Wette zwischen ihm und Faust beginnt die eigentliche dramatische Handlung und alles weitere Geschehen bleibt auf diese Ausgangssituation bezogen.

▶ **2** Der historische Faust, mit Vornamen vermutlich Georg, um 1480 in Knittlingen (Baden-Württemberg) geboren, starb zwischen 1536 und 1539 in Staufen im Breisgau. Dieser Faust machte sich schon früh als Magier und Horoskopsteller einen Namen, lebte u.a. in Kreuznach, Bamberg, Ingolstadt und Nürnberg.
Den Kern der Faustsage bilden die Teufelsbeschwörung, der auf 24 Jahre abgeschlossene Pakt, das wilde und ausschweifende Leben Fausts mit den unterschiedlichsten Abenteuern, schließlich Tod und Höllenfahrt.

▶ **3** Die gesamte Szene *Studierzimmer* können sich die Schülerinnen und Schüler leicht beschaffen und kopieren. Es handelt sich um die Verse 1530 bis 1850 (bis zu Fausts Abgang; die sich anschließende Schülerszene kann hier außer Betracht bleiben).
Die umfangreiche Szene lässt sich in drei große Teile gliedern: Im Mittelpunkt steht Fausts Wette mit Mephisto (Vers 1692–1705). Der vorhergehende Teil dient der Vorbereitung, der folgende der Erläuterung dieser Wette und ihrer Bedingungen. Zu Beginn der Szene zeigt sich Faust in der Rolle des alten Gelehrten, der an sich selbst, an seinem Leben und seinen Erkenntnismöglichkeiten zweifelt und voller Überdruss am Leben den Freitod ins Auge fasst. Anders als in der Volkssage führt diese Ausgangssituation nun aber nicht zu einem Pakt mit dem Teufel, sondern zu einer Wette. Faust geht diese Wette ein, weil er ganz sicher ist sie zu gewinnen. Was immer Mephisto ihm bieten wird, er wird es nicht schaffen, diesen Drang nach Leben und Erkenntnis je völlig zu befriedigen.

Literarische Quellen
Goethes *Faust. Erster Teil*
Mephistopheles und der „Vermummte Herr“

Illustration zu „Faust“
Johann Heinrich Ramberg (1763–1840)
Kupferstich 11,5 x 7,8 cm

Studierzimmer
Faust. Mephistopheles.

FAUST. Es klopft? Herein! Wer will mich wieder plagen?
MEPHISTOPHELES. Ich bin's.
FAUST. Herein!
MEPHISTOPHELES. Du musst es dreimal sagen.
FAUST. Herein denn!
MEPHISTOPHELES. So gefällst du mir.
Wir werden, hoff ich, uns vertragen!
Denn dir die Grillen zu verjagen
Bin ich als edler Junker hier,
In rotem, goldverbrämtem Kleide,
Das Mäntelchen von starrer Seide,
Die Hahnenfeder auf dem Hut,
Mit einem langen, spitzen Degen,
Und rate nun dir, kurz und gut,
Dergleichen gleichfalls anzulegen;
Damit du losgebunden, frei,
Erfahrest, was das Leben sei.

MEPHISTOPHELES. Drum frisch! Lass alles Sinnen sein
Und grad mit in die Welt hinein!
Ich sag es dir: Ein Kerl, der spekuliert,
Ist wie ein Tier, auf dürrer Heide
Von einem bösen Geist im Kreis herumgeführt,
Und ringsumher liegt schöne grüne Weide.
FAUST. Wie fangen wir das an?

Frühlings Erwachen lässt nicht nur thematisch Bezüge zu eigenen Schulerfahrungen Wedekinds erkennen (vgl. dazu Hansgeorg Schmidt-Bergmann über die Entstehungsgeschichte, SBB, S. 107 ff.). Auch literarisch gibt es Vorbilder. Dabei sind die Bezüge zu Goethes Faustdichtung besonders offensichtlich.

▶ **1** Schon die wenigen Zeilen aus der Studierzimmerszene lassen wichtige Bezüge zur Schluss-Szene in Wedekinds Drama erkennen.
Nennen Sie Parallelen; aber auch Unterschiede.

▶ **2** Stellen Sie Informationen zur Faustfigur und Faustsage zusammen.
Welche Handlungselemente bilden demnach den Kern der Sage?

▶ **3** Goethe macht aus dem Teufelspakt eine Wette. Ziehen Sie aus einer Ausgabe von Goethes *Faust* die gesamte Szene *Studierzimmer* heran (Vers 1530–1850). Ordnen sie den hier abgedruckten Auszug ein und fassen Sie die Veränderungen zur überlieferten Faustsage kurz zusammen.

Literarische Quellen
Goethes *Faust. Erster Teil*
Gretchen und Wendla

Wer diese beiden Dramenfiguren miteinander vergleicht, steht einmal mehr vor der Frage, was wichtiger und interessanter ist: die Parallelen oder die Unterschiede.
Gretchen bestimmt den zweiten Teil von Goethes *Faust I* sehr viel nachdrücklicher als Wendla die *Kindertragödie* Wedekinds. Von der Gelehrtentragödie zur Gretchentragödie – so verläuft die Handlung in Goethes Drama. Gretchens Schicksal kann auch mit gutem Grund tragisch genannt werden. Sie wird zwar ebenfalls Opfer einer Verführung, aber sie liebt Faust und akzeptiert diese Liebe mit all ihren Folgen. Wendlas Rolle dagegen wirkt im direkten Vergleich kleiner, unscheinbarer. Welcher Art die Gefühle sind, die sie Melchior gegenüber empfindet, ist ihr wohl selbst nicht klar. Bezeichnend auch, dass sie nicht dass Opfer ihrer Gefühle wird, sondern an den Folgen einer verpfuschten Abtreibung stirbt.
Die unterschiedliche Gewichtung der beiden Figuren wird auch daran deutlich, dass Goethe den Monolog mehrfach einsetzt um Gretchens Gedanken- und Gefühlswelt zu vermitteln. Auf diese Weise wird das Gesamtbild dieser Dramenfigur sehr viel konkreter und differenzierter als im Falle Wendla Bergmanns.

▶ **1** **Szenische Situation:** Gretchen sitzt am Spinnrad, allein. Bei der monotonen manuellen Tätigkeit kreisen die Gedanken wie von selbst um den Geliebten und um die eigene Situation. Wendla hat sich dagegen gerade aus der Stube geschlichen, wo sie mit der Mutter zusammen war. Sie fürchtet, dass sie der Mutter gegenüber das Geschehene nicht verbergen kann.
Sprache: Im Widerspruch zu ihrer inneren Unruhe ist Gretchens Sprache klar, einfach und aussagekräftig. Sie weiß, wie es um sie bestellt ist, sie ist sich ihrer Liebe zu Faust bewusst und sie ist auch in der Lage ihre Gefühle sprachlich zum Ausdruck bringen. Wendla dagegen „findet nicht Worte"; ob ihr bewusst ist, was sie fühlt, bleibt offen. Die Suche nach den Veilchen treibt sie um: Weiß sie um deren symbolische Bedeutung (Jungfräulichkeit, Jugend, aber auch Demut und Bescheidenheit, auch Treue und Liebe)? Schließlich der Gedanke an das Bußgewand: Fühlt sie sich der Mutter gegenüber schuldig? Auch der Wunsch sich jemandem mitzuteilen und zu erzählen, was ihr widerfahren ist, kommt ganz unvermittelt. Aber wie sollte sie dann die Worte finden? So zeigt der Monolog Wendlas lediglich die Verwirrung eines jungen Mädchens, das noch ganz unter dem Eindruck des Erlebten steht, dieses Erlebnis innerlich aber nicht verarbeiten kann.

▶ **2** Die beiden Freunde berichten Frau Gabor, dass sie im Unterricht Goethes *Faust* lesen und dass die Besprechung bis zur Szene *Walpurgisnacht* fortgeschritten ist. Nachdem die Mutter wieder gegangen ist, sprechen die beiden noch kurz über das Drama. Dabei wird nicht ganz klar, ob das, was sie sagen, ernst gemeint ist oder ob sie nur (unbedacht? ironisierend?) wiedergeben, was sie im Unterricht gelernt haben. Zur „Erhabenheit" dieser großen Dichtung scheint die „Gretchentragödie" nicht so recht zu passen, jedenfalls hat man sich im Unterricht nicht allzu lange „dabei aufgehalten". Wenn Moritz gar meint, Faust habe sich selbst „kaltblütig" über „die Geschichte mit Gretchen" hinweggesetzt (SBB, S. 34_{15}), dann wird darin ein problematisches und verkürztes Verständnis der Gretchenhandlung und ihrer Funktion in Goethes Drama erkennbar. Auch Melchiors Urteil: „Das Kunstwerk gipfelt doch schließlich nicht in dieser Schändlichkeit!" lässt kein echtes Verständnis erkennen. Wie sehr die beiden Freunde sich auch über die Schule mokieren, hier reproduzieren sie offenbar, ohne dass ihnen das bewusst wird, deren Einschätzung von wahrer Kunst, für die die Darstellung von Sexualität und Erotik ein Tabu bleibt.

Literarische Quellen
Goethes *Faust. Erster Teil*
Gretchen und Wendla

Gretchen – ein Opfer ihrer Liebe zu Faust: Das kurze Liebesglück, die Schwangerschaft, die Tötung des Kindes und der eigene Tod durch den Scharfrichter – das sind die Lebensstationen, wie sie Goethe in der Gretchenhandlung in Szene setzt. Ist das mit dem Schicksal der Wendla Bergmann vergleichbar? Besonders aufschlussreich sind die Bezüge zwischen zwei Szenen, in denen die beiden jungen Frauen ihr Inneres offenbaren.

Gretchens Stube
Gretchen am Spinnrade, allein.

Meine Ruh ist hin,
Mein Herz ist schwer;
Ich finde sie nimmer
Und nimmermehr.

Wo ich ihn nicht hab,
Ist mir das Grab,
Die ganze Welt
Ist mir vergällt.

Mein armer Kopf
Ist mir verrückt,
Mein armer Sinn
Ist mir zerstückt.

Meine Ruh ist hin,
Mein Herz ist schwer;
Ich finde sie nimmer
Und nimmermehr.

Nach ihm nur schau ich
Zum Fenster hinaus,
Nach ihm nur geh ich
Aus dem Haus.

Sein hoher Gang,
Sein' edle Gestalt,
Seines Mundes Lächeln,
Seiner Augen Gewalt

Und seiner Rede
Zauberfluss,
Sein Händedruck
Und ach, sein Kuss!

Meine Ruh ist hin,
Mein Herz ist schwer,
Ich finde sie nimmer
Und nimmermehr.

Mein Busen drängt sich
Nach ihm hin.
Ach dürft ich fassen
Und halten ihn

Und küssen ihn,
So wie ich wollt,
An seinen Küssen
Vergehen sollt!

Nationaltheater Weimar

Gretchen-Figurine, entworfen von Ingrid Rahaus zur Weimarer „Faust"-Inszenierung 1975

Bergmanns Garten im Morgensonnenglanz

WENDLA. Warum hast du dich aus der Stube geschlichen? – Veilchen suchen! – Weil mich Mutter lächeln sieht. – Warum bringst du auch die Lippen nicht mehr zusammen? – Ich weiß nicht. – Ich weiß es ja nicht, ich finde nicht Worte …
Der Weg ist wie ein Plücheteppich – kein Steinchen, kein Dorn. – Meine Füße berühren den Boden nicht … Oh, wie ich die Nacht geschlummert habe!
Hier standen sie. – Mir wird ernsthaft wie einer Nonne beim Abendmahl. – Süße Veilchen! – Ruhig, Mütterchen. Ich will mein Bußgewand anziehn. – Ach, Gott, wenn jemand käme, dem ich um den Hals fallen und erzählen könnte.

SBB, S. 45_{27}–46_{8}

▶ **1** Vergleichen Sie die beiden Monologe. Wie deutlich sind in Ihren Augen die Bezüge?

▶ **2** Gretchen und ihre Bedeutung in Goethes *Faust* spielen auch im Gespräch zwischen Melchior und Moritz eine Rolle (II,1, S. 33_{17}–34_{23}). Untersuchen Sie diesen Dialog.

Literarische Quellen
Heine und die Prinzessin Ilse

Die Wanderung durch den Harz unternahm Heine im September 1824. Unmittelbar darauf begann er mit der Niederschrift der Reiseeindrücke, die im Mai 1826 erstmalig im Druck erschienen. Der hier gewählte Auszug bezieht sich auf die letzte dort dargestellte Episode, den Abstieg vom Gipfel des Brocken hinunter durch das Tal der Ilse. Im Nebeneinander von Prosateil und Lyrik entspricht der Abschnitt dem Aufbauprinzip, das Heine seiner *Harzreise* insgesamt zugrunde legt. Auf die unterschiedlichen Sagen, die sich um die Gestalt der Prinzessin Ilse ranken, geht Heine noch näher ein. Einmal wohnt sie als reiche und schöne Prinzessin in einem verwunschenen Schloss. Sie badet jeden Morgen im Fluss, und wer sie zum rechten Zeitpunkt dort trifft, wird von ihr in das Schloss geführt. Einer anderen Überlieferung zufolge hat die schöne Wasserfee Ilse mit dem Kaiser Heinrich in ihrer verzauberten Felsenburg zärtliche Stunden verbracht.

▶ **1** Fröhlich, naiv, anmutig, ein munteres Mädchen, lachend und blühend, mutwillig – so die wesentlichen Attribute, die bereits der Prosatext zur Gestalt der Prinzessin Ilse enthält. Wie in sagenhafter Vorzeit fühlt sich der „träumende Dichter" von dieser Gestalt und ihrer Stimme ergriffen. In den acht vierzeiligen Strophen wendet sie sich ebenso selbstbewusst wie verführerisch an ein männliches Du, der (ein „sorgenkranker Gesell") in ihren Armen seine Schmerzen vergessen soll. Die Strophen 2, 3 und 4 konkretisieren diese Versprechungen und erinnern an „den lieben Kaiser Heinrich", der diesen Trost ebenfalls gefunden hat. Die 5. Strophe bringt den Gegensatz zwischen den Toten und den Lebenden besonders deutlich zum Ausdruck und Inbegriff dieses Lebendigen ist Ilse, „schön und blühend". Die beiden Strophen 6 und 7 korrespondieren dem Block der Strophen 2 bis 4 und fassen das festliche Treiben im Schloss zusammen. In der letzten Strophe kommt die Erinnerung an den Tod des Kaisers Heinrich noch einmal zur Sprache, nun gar mit bedrohlichem Unterton: Möglich, dass die Umarmung doch nicht ganz ungefährlich ist.

▶ **2** Ilse ist unter den Jugendlichen in Wedekinds Kindertragödie die schillerndste Figur. Einerseits noch Kindfrau hat sie andererseits doch bereits Züge einer „Femme fatale", die die Welt der bürgerlichen Ordnung hinter sich gelassen hat und sich im Umfeld einer städtischen Künstlergruppe bewegt. In ihrer Begegnung mit Moritz (II, 7) – interessanterweise auch an einem Fluss, dessen Rauschen zu hören ist – schildert sie, wie sie die Tage und Nächte dort verbringt, als Modell für Maler und Fotografen, aber auch als willige Partnerin ihrer wohl durchweg älteren Männerbekanntschaften. Ganz jungmädchenhaft wirkt sie dagegen am noch offenen Grab von Moritz. Sie streut zusammen mit Martha Blumen um die Erinnerung an Moritz wach zu halten.
Mit der Prinzessin Ilse in Heines Gedicht hat sie vielleicht die Gier nach Leben und sexueller Verführung gemeinsam, aber andererseits lockt sie nicht wie diese die Vorübkommenden, sondern lässt sich in eine Lebensart verstricken, in der sie selbst auch untergehen könnte. Das deutet sich sowohl in ihren zerrissenen Kleidern an als auch in ihren düsteren Vorahnungen (vgl. ihre letzte Bemerkung, SBB, S. $52_{19\,f.}$)

▶ **3** Bekannt ist wohl die Lorelei-Sage, insbesondere das Gedicht Heines *Ich weiß nicht, was soll es bedeuten* und die Vertonung durch Friedrich Silcher. Goethes Ballade *Der Fischer* könnte ebenfalls bekannt sein, vielleicht auch Eichendorffs *Der stille Grund*. Die Texte sind in einschlägigen Balladensammlungen leicht zu beschaffen. Gemeinsam ist ihnen die verführerisch Nixe oder Wasserfrau mit blondem Haar, die mit ihrem Gesang die Menschen in den Tod lockt, so den Schiffer in seinem Kahn (in der Lorelei-Sage) oder den Angler (in Goethes Gedicht). Lediglich der nächtliche Wanderer (in Eichendorffs Gedicht) entkommt dem verführerischen Zauber, weil gerade noch rechtzeitig die Morgenglocken Schlimmeres verhüten.

Literarische Quellen
Heine und die Prinzessin Ilse

1824 unternimmt Heinrich Heine eine vierwöchige Wanderung durch den Harz. Dabei führt ihn der Weg auch zum Ilsenstein, einer ehemaligen Burg hoch über dem romantischen Ilsetal. Um den Stein ranken sich sagenhafte Geschichten, auf die Heine in seinem Gedicht Bezug nimmt.

Es ist unbeschreibbar, mit welcher Fröhlichkeit, Naivität und Anmut die Ilse sich hinunterstürzt über die abenteuerlich gebildeten Felsstücke, die sie in ihrem Lauf findet, sodass das Wasser hier wild emporzischt, dort aus allerlei Steinspalten, wie aus vollen Gieskannen, in reinen Bögen sich ergießt und unten wieder über die kleinen Steine hintrippelt wie ein munteres Mädchen. Ja, die Sage ist wahr, die Ilse ist eine Prinzessin, die lachend und blühend den Berg hinabläuft. Wie blinkt im Sonnenschein ihr weißes Schaumgewand! Wie flattern im Winde ihre silbernen Busenbänder! Wie funkeln und blitzen ihre Diamanten! Die hohen Buchen stehen dabei gleich ernsten Vätern, die verstohlen lächelnd dem Mutwillen des lieblichen Kindes zusehen; die weißen Birken bewegen sich tantenhaft vergnügt und doch zugleich ängstlich über die gewagten Sprünge; der stolze Eichbaum schaut drein wie ein verdrießlicher Oheim, der das schöne Wetter bezahlen soll; die Vögelein in den Lüften jubeln ihren Beifall, die Blumen am Ufer flüstern zärtlich: Oh, nimm uns mit, nimm uns mit, lieb Schwesterchen! – Aber das lustige Mädchen springt unaufhaltsam weiter und plötzlich ergreift sie den träumenden Dichter und es strömt auf mich herab ein Blumenregen von klingenden Strahlen und die Sinne vergehen mir vor lauter Herrlichkeit und ich höre nur noch die flötensüße Stimme:

Die Lorelei. Postkarte um 1900

Ich bin die Prinzessin Ilse
Und wohne im Ilsenstein;
Komm mit nach meinem Schlosse,
Wir wollen selig sein.

Dein Haupt will ich benetzen
Mit meiner klaren Well',
Du sollst deine Schmerzen vergessen,
Du sorgenkranker Gesell!

In meinen weißen Armen,
An meiner weißen Brust,
Da sollst du liegen und träumen
Von alter Märchenlust.

Ich will dich küssen und herzen,
Wie ich geherzt und geküsst
Den lieben Kaiser Heinrich,
Der nun gestorben ist.

Es bleiben tot die Toten
Und nur der Lebendige lebt;
Und ich bin schön und blühend,
Mein lachendes Herze bebt.

Und bebt mein Herz dort unten,
So klingt mein kristallenes Schloss,
Es tanzen das Fräulein und Ritter,
Es jubelt der Knappentross.

Es rauschen die seidenen Schleppen,
Es klirren die Eisenspor'n,
Die Zwerge trompeten und pauken
Und fiedeln und blasen das Horn.

Doch dich soll mein Arm umschlingen,
Wie er Kaiser Heinrich umschlang;
Ich hielt ihm zu die Ohren,
Wenn die Trompet' erklang.

Reisebilder. Erster Teil. Die Harzreise. In: H. Heine: Werke. Hrsg. u. komment. v. Stuart Atkins. Bd. 1. München: Beck 1973, S. 336 ff.

▶ **1** Untersuchen Sie, welches Bild die Sprecherin von sich selbst in dem Gedicht entwickelt? Ziehen Sie zum Vergleich auch den einführenden Prosatext Heines hinzu.

▶ **2** Welche Parallelen sehen Sie zwischen der Prinzessin Ilse und der gleichnamigen Figur in *Frühlings Erwachen*?

▶ **3** Kennen Sie andere literarische Texte, die Sie zu einer weiteren Gegenüberstellung hinzuziehen können?

Zwei Gedichte von Frank Wedekind

Die beiden Gedichte sind später entstanden als *Frühlings Erwachen. Ilse* entstand am 4.12.1893 und trug ursprünglich den Titel *Alice*, den Namen der damaligen Pariser Freundin Wedekinds. Das genauere Entstehungsdatum des ersten Gedichts ist nicht bekannt.

▶ **1** Bezüge lassen sich insbesondere in den Strophen 1 und 4 finden: als „taufrische Maid, erst eben erblüht" präsentiert sich auch Wendla an ihrem 14. Geburtstag in der ersten Szene des Dramas. Die beiden Kleider, das „knappkurze" und das „Bußgewand", spielen dort ebenfalls eine wesentliche Rolle. Wie im Drama wird auch im Gedicht Wendla „ein Leid" angetan. Hier ist es allerdings ausschließlich die sexuelle Verführung, während im Drama die Schuld der Mutter hinzukommt. Auch das zu Beginn der Strophe 2 gezeichnete Bild will nicht recht auf Wendla als Dramenfigur passen. Das in Zeile 1 und 2 Gesagte ist allenfalls ein Teil ihrer Persönlichkeit. Es fehlt der Bereich der Todesahnungen, der Ängste und Unsicherheiten, nicht zuletzt im Bereich der eigenen sexuellen Entwicklung.

▶ **2** Die Maid, das junge unverheiratete Mädchen, wird in dieser Sicht zu einer Art Beute für den Waidmann, den Jäger, der in seinem Revier in frevlerischer Weise auf Jagd geht. Das Motiv des Jägers und seiner Beute, dem Freiwild, ist alt und kommt in mancherlei Varianten auch im Volkslied vor. Aus heutiger Sicht spiegeln sich darin ebenso deutliche wie fragwürdige männliche Wunschvorstellungen. Wedekinds Drama ist in dieser Hinsicht differenzierter. Schon auf Melchior passt das Bild des Weidmanns nicht. Er stellt Wendla nicht nach. Und Wendla ist nicht ausschließlich Opfer einer Verführung. Sie selbst, noch deutlicher Ilse, sind junge Frauen, die sich ihrer eigenen Rolle als Frau bewusst zu werden beginnen.

▶ **3** Strophe 1 lässt zwei Deutungsmöglichkeiten zu: Entweder wendet sich der Sprecher an ein Du oder – vielleicht wahrscheinlicher – er spricht in einer Art Selbstgespräch mit sich selbst. Unverkennbar ist die männliche Betrachtungsperspektive, die aus beobachtender Distanz, fast voyeuristisch, die junge Frau in den Blick nimmt. Ab Zeile 7 ändert sich dann die Sprecherperspektive: dessen Blick gilt nicht mehr nur der „Kindfrau", sondern dem Schicksal, das ihr bevorsteht.

▶ **4** *Ilse*, das zweite Gedicht auf der Kopiervorlage, zeichnet ein anderes Frauenbild: Die Sprecherin ist eine junge selbstbewusste Frau, die das Leben und die Liebe genießt. Sie blickt zurück auf jene Zeit, als sie „ein Kind von fünfzehn Jahren" war und zum ersten Mal die Liebe „erfahren" hat. Dieses „erste Mal" hat sie als Glückserlebnis in Erinnerung und seitdem liebt sie „Alle". Der Mann als „Lustobjekt" – das ist fast eine Umkehrung der Vorstellungen, wie sie das Gedicht *Wendla* beinhaltet. Allerdings relativieren die letzten beiden Zeilen dieses Selbstwertgefühl: Die Sprecherin weiß, dass „des Lebens schönster Lenz" vergänglich ist und sie nur so lange so leben kann, wie sie anderen „gefällt".

▶ **5** Ilse ist „ein Kind von fünfzehn Jahren". Tagelang treibt sie sich in der Stadt herum, kommt aber immer wieder einmal nach Hause. Der Bericht über ihren Lebenswandel als Künstlerliebchen und Modell in der Stadt gibt ein differenziertes Bild. Ob sie mit ihren Schilderungen übertreibt oder nicht, bleibt offen, aber sie beschönigt und verklärt nichts. Zwar liebt auch Ilse „einen wie den andern", aber sie sieht ebenfalls die Schattenseiten dieser „Horde". Der Bruch mit dem bürgerlichen Leben ist endgültig und Ilse steht auch zu dieser Entscheidung. Aber sie weiß, dass dieses Leben seinen Preis hat und dass sie früher oder später „im Kehricht" landet.

Zwei Gedichte von Frank Wedekind

Wendla

Sieh die taufrische Maid,
Erst eben erblüht;
Durch ihr knappkurzes Kleid
Der Morgenwind zieht.

Wie schreitet sie rüstig,
Jubiliert und frohlockt
Und ahnt nicht, wer listig
Unterm Taxusbusch hockt.

Der allerfrechste Weidmann
Im ganzen Revier,
Er tut ihr ein Leid an
In frevler Jagdbegier.

In einem langen Kleide
Geht sie nun bald einher,
Sinnt vergangner Zeiten
Und jubelt nicht mehr.

Gesammelte Werke.
Hrsg. v. Artur Kutscher u. Richard Friedenthal.
München: Georg Müller 1912–21. Bd. 1, S. 25 f.

▶ **1** Stellen Sie Bezüge zur Rolle Wendlas in *Frühlings Erwachen* her.

▶ **2** Maid und Weidmann:
Welche Vorstellungen über die Geschlechterrollen verbinden Sie mit diesen Bezeichnungen?

▶ **3** Wer spricht hier?
Untersuchen Sie die Rolle des Sprechers (bzw. der Sprecherin?) in diesem Gedicht.

Ilse

Ich war ein Kind von fünfzehn Jahren,
Ein reines unschuldsvolles Kind,
Als ich zum ersten Mal erfahren,
Wie süß der Liebe Freuden sind.

Er nahm mich um den Leib und lachte
Und flüsterte: O welch ein Glück!
Und dabei bog er sachte, sachte
Den Kopf mir auf das Pfühl zurück.

Seit jenem Tag lieb ich sie Alle,
Des Lebens schönster Lenz ist mein;
Und wenn ich Keinem mehr gefalle,
Dann will ich gern begraben sein.

ebd.

▶ **4** Welches Frauenbild vermittelt dieses Gedicht?

▶ **5** Untersuchen Sie, welche Bezüge Sie zur Rolle Ilses in *Frühlings Erwachen* herstellen können.

Sachtext: Analyse und kritische Auseinandersetzung

Mit Sachtexten hat es der Dramenunterricht immer wieder zu tun. In diesem Heft finden sich gleich mehrere Beispiele: Hansgeorg Schmidt-Bergmanns Urteil über die 1. Szene des Stückes (S. 9), Julius Bab über die Darstellung der Jugendlichen und Erwachsenen (S. 13), Paul Goldmann und Siegfried Jacobsohn über die Bühnentauglichkeit des Stückes (S. 17), die Auszüge aus einer Kritik der Heidelberger Inszenierung aus dem Jahr 1982 (S. 23), die kritische Einschätzung der Lehrerzimmerszene, ebenfalls von Siegfried Jacobsohn (S. 29), die Auszüge aus Stefan Zweigs Erinnerungen an die eigene Schulzeit (S. 31), schließlich Heribert Kuhn über die Rolle des „Vermummten Herrn" (S. 35) und die beiden Urteile über die Schlussszene (S. 37).
Methodische Fähigkeiten im Umgang mit solchen Sachtexten (zentrale Gedanken wiedergeben, Gliederung und Aufbau der Argumentation bestimmen, wichtige Begriffe analysieren, kritische Einwände gegenüber der Argumentation überprüfen, die eigene Einstellung gegenüber der Argumentation eines Autors verdeutlichen usw.) sind also bereits wiederholt geübt und sollen nunmehr an einem weiteren Textbeispiel angewandt werden.

▶ **1** Der abgedruckte Auszug aus der Urteilsbegründung des OVG Berlin ist in seiner gedanklichen Gliederung sehr klar. Zeile 1 kündigt an, was in den folgenden Zeilen (bis Z. 20) als eine Art Inhaltsangabe ausgegeben wird. Hier könnte man durchaus einen Absatz machen um auf diese Weise den gedanklichen Einschnitt noch deutlicher zu markieren. Der folgende Teil enthält die Schlussforgerungen, die sich aus der zuvor dargelegten „Auffassung" des Stückes im Blick auf seine moralische Bewertung ergeben: *Frühlings Erwachen* ist ein ernstes Stück, das wichtige Erziehungsprobleme auf angemessene Weise behandelt. Die Annahme, das Theaterpublikum könne durch das Stück „zu eigenem sitten- oder polizeiwidrigen Verhalten" angeregt werden, entbehrt also jeder Grundlage.

▶ **2** Die Zusammenfassung des Inhalts beginnt recht abstrakt mit einer Umschreibung dessen, was Schmidt-Bergmann das „thematische Zentrum" des Stückes nennt (s. S. 9). Dieses thematische Zentrum ist in den Augen der Autoren dieser Urteilsbegründung der Kampf der Jugendlichen („junge, in dem Alter der beginnenden Geschlechtsreife stehende naive Personen") mit den „realen Mächten des Lebens", also Elternhaus und Schule. An den drei Hauptfiguren Wendla, Moritz und Melchior wird nun dargelegt, wie dieser Kampf endet, warum die beiden ersten daran scheitern und warum Melchior für das Leben gerettet wird.
Der Vergleich mit der Darstellung der „Handlungsstruktur" durch Schmidt-Bergmann macht deutlich, dass das zentrale Thema des Stückes ähnlich bestimmt wird als „die erwachende Sexualität" bzw. als „sexuelle Probleme der jugendlichen Hauptpersonen" (S. 111). Die umfangreichen Hinweise zu den 3 Akten beschränken sich nicht auf die bloße Wiedergabe des Geschehens, sondern kommentieren und interpretieren dieses Geschehen auf vielfältige Weise.

▶ **3** Die Wirkung des Stückes auf die Theaterbesucherinnen und -besucher wird überraschend positiv eingeschätzt. Wer das „tragische Geschick der Hauptpersonen" auf der Bühne verfolgt, werde mit „rein menschlichem Mitgefühl" auch Anteil daran nehmen. Das ist insofern überraschend, als schon die Uraufführung in Berlin einige Jahre zuvor gezeigt hatte, dass die Kritik sehr unterschiedlich reagiert hatte. Wedekind selbst hat mit dem Nebeneinander unterschiedlicher Darstellungsprinzipien viel dazu beigetragen, dass aufkommendes Mitleid mit einzelnen Akteuren rasch gebrochen werden kann. In diesem Sinne verfährt die Einschätzung der Urteilsbegründung wohl etwas vereinfachend. Der letzte Satz schränkt dieses Urteil ja auch wieder ein.

Sachtext: Analyse und kritische Auseinandersetzung

Wedekinds *Kindertragödie* blieb lange ein umstrittenes Stück. Zwar 1906 uraufgeführt kam es dennoch in den folgenden Jahren wiederholt zu Aufführungsverboten. So auch 1912 in Berlin. Dieses Aufführungsverbot wurde durch eine Entscheidung des Oberverwaltungsgerichts aufgehoben. In der Urteilsbegründung hieß es u. a.:

Der Inhalt des Stückes lässt sich dahin zusammenfassen: Es wird dargestellt, wie auf junge, in dem Alter der beginnenden Geschlechtsreife stehende naive Personen die realen Mächte des Daseins einwirken; vornehmlich ihr eigener, erwachender Geschlechtssinn und die Anforderungen des Lebens, insbesondere der Schule. Sie erliegen in dem sich entwickelnden Kampfe vor allem deshalb, weil ihre berufenen Leiter, die Eltern und Lehrer, nach der Auffassung des Dichters in weltfremdem Unverstand und aus Prüderie es unterlassen, sie zu belehren und ihnen verständnisvoll helfend die Wege zu weisen. Wendla Bergmann geht unter, weil trotz ihrer Bitte die Mutter es unterlässt, sie über die menschlichen Geschlechtsverhältnisse aufzuklären. Moritz Stiefel, in Verwirrung gebracht durch die Regung seiner beginnenden Pubertät, durch seine Zweifel über Entstehung und Zweck der Menschen und nicht zuletzt durch die sexuellen Belehrungen seines Freundes, wird erdrückt durch die Aufgaben der Schule, die er nicht erfüllen kann, deren Erfüllung aber der nur hierauf gerichtete strenge Sinn seines Vaters von ihm fordert. Melchior Gabor geht nur deshalb nicht zugrunde, weil er Verständnis für das, in einer Personifikation, als „Vermummter Herr“ auftretende reale Leben gewinnt und sich von diesem mitziehen lässt. So aufgefasst lässt sich dem Stück im Ganzen nach seiner Tendenz und seinem Inhalt der Charakter eines ernsten Stückes nicht absprechen; es behandelt ernste, vielfach im Vordergrunde des Interesses stehende Erziehungsprobleme und sucht zu diesen Stellung zu nehmen. Es ist nicht erkennbar, dass da, wo sittenwidrige Handlungen dargestellt werden, dies geschieht um sie als etwas Erlaubtes oder Nachahmenswertes hinzustellen oder gar um die Lüsternheit der Zuschauer anzuregen oder zu befriedigen. Das Theaterpublikum wird sich dem rein menschlichen Mitgefühl für das tragische Geschick der Hauptpersonen und dem Interesse für den Gang der Handlung und die darin behandelten Probleme nicht entziehen können. Jedenfalls ist nicht abzusehen, inwiefern die Zuhörer daraus eine Anregung zu eigenem sitten- oder polizeiwidrigen Verhalten empfangen sollten.

Frank Wedekind: Werke in drei Bänden. Hrsg. u. eingel. v. Manfred Hahn.
Berlin, Weimar: Aufbau 1969, Bd. 3, S. 338 ff.

▶ **1** Untersuchen Sie die gedankliche Gliederung des Textes. Wo erkennen Sie Zäsuren?

▶ **2** Zeigen Sie, wie in dieser Urteilsbegründung der Inhalt des Stückes zusammengefasst wird.
Vergleichen Sie diese Art der Inhaltsangabe mit der Darstellung der „Handlungsstruktur“, wie sie Hansgeorg Schmidt-Bergmann gibt (SBB, S. 111 ff.).

▶ **3** Die Urteilsbegründung geht auch auf die vermutliche Wirkung des Stückes auf das Theaterpublikum ein.
Wie beurteilen Sie diese Einschätzung?

Quellenverzeichnis und Literaturhinweise

Quellenverzeichnis

In den meisten Fällen sind die Quellen- und Copyrightangaben den jeweiligen Texten und Abbildungen direkt zugeordnet. Hier einige Zusatzinformationen:

S. 39: Kupferstich aus: Wege durch Düsseldorfer Literaturmuseen. Hrsg. v. Kulturamt der Stadt Düsseldorf 1980. Kapitel 2: Faust

Die Rechte an dem Zitat von der CD-ROM liegen bei: Krieger, Zander & Partner GmbH, München.

Leider ist es uns nicht gelungen, mit den Rechteinhabern aller Abbildungen in Kontakt zu kommen.
Berechtigte Ansprüche werden selbstverständlich im Rahmen der üblichen Vereinbarungen abgegolten.

Literaturhinweise

Frank Wedekind: Frühlings Erwachen. Text und Materialien/ Unterrichtskommentar. Berlin: Cornelsen 2010 (Klassische Schullektüre)

Rolf Kieser: Benjamin Franklin Wedekind. Biografie einer Jugend. Zürich: Arche 1990

Friedhelm Roth: Frank Wedekind: „Frühlings Erwachen“. In: Von Lessing bis Kroetz. Einführung in die Dramenanalyse. Kronberg/Ts.: Scriptor ^{2}1976, S. 104–137

Günther Seehaus: Frank Wedekind. Reinbek b. Hamburg. Rowohlt ^{6}1993 (rowohlts monografien, Bd. 213)

Barbara Sichtermann: Frühlingserwachen. Pubertät. Wie Sex und Erotik alles verändern. Reinbek b. Hamburg: Rowohlt 2002 (Rowohlt-Sachbuch)

Hans Wagener: Frank Wedekind: Frühlings Erwachen. Erläuterungen und Dokumente. Stuttgart: Reclam ^{2}1996